EL YUGO DE LA OBEDIENCIA

EL SIGNIFICADO DE LA ORDENACIÓN EN EL METODISMO/WESLEYANISMO

Dennis M. Campbell

Traducción: Oscar Aguilar

Instituto de Estudios Wesleyanos

Contenido

"Tomamos con alegría el yugo de la obediencia, ...
Ya no somos nuestros, sino tuyos".
—Juan Wesley, *El Servicio de Pacto*

Prefacio a la edición en español de *El yugo de la obediencia*

El yugo de la obediencia, completado en 1988, tenía el propósito de ayudar a aquellos que estaban pensando en cuanto al ministerio ordenado en la tradición wesleyana, para que pudieran entender la perspectiva de la ordenación que tenía Juan Wesley, así como su desarrollo histórico y la realidad contemporánea. El libro explica el pensamiento de Wesley que lo llevó a las acciones que dotaron de ministros ordenados a los metodistas de América del Norte. El libro demuestra que una comprensión wesleyana del ministerio ordenado se manifestó en numerosas denominaciones, no solo en los principales cuerpos metodistas. El libro sigue siendo relevante para comprender estos temas y me complace que esta edición en español amplíe su alcance.

En los treinta años que han pasado desde la publicación del libro, ha habido cambios en las estructuras del ministerio en algunas de las iglesias que forman parte de la tradición wesleyana. El cambio más sustancial ocurrió en la Iglesia Metodista Unida con la eliminación de la orden de diácono como primer paso hacia la ordenación plena como presbítero en la iglesia. Como el libro deja en claro, la comprensión que tenía Wesley del ministerio ordenado incluía un diácono ordenado, un presbítero ordenado y un obispo consagrado. Esta fue la estructura que Wesley adaptó de la Iglesia de Inglaterra, de la cual siguió siendo ministro hasta su muerte. La Iglesia Metodista Unida ahora tiene una orden de diácono permanente, una orden de presbítero ordenado y el oficio de obispo. Otras iglesias en la tradición wesleyana podrían tener diferentes estructuras y diferente terminología para los oficios ministeriales.

Este libro trata sobre la teología del ministerio de Wesley, que sugiere que el don del ministerio dado por Dios no es estático, sino que siempre está abierto al don del Espíritu Santo para abordar las necesidades de la iglesia en cualquier tiempo o lugar. Por esta razón, la particularidad de la estructura podría cambiar para atender necesidades y condiciones contemporáneas, pero la obra continua del ministerio ordenado de la iglesia sigue siendo consistente con las directrices de las escrituras y la tradición de la iglesia. Este es el fundamento sobre el cual Wesley basó sus decisiones para la práctica del ministerio en Inglaterra y en América.

La argumentación teológica adicional que presenta el libro es que las decisiones sobre las requisitos y expectativas para la ordenación, así como las valoraciones en cuanto a si una persona es digna de ser ordenada, pertenecen a la iglesia. Esta posición nos recuerda que los llamados individuales al ministerio son esenciales, pero tienen que ser autenticados y juzgados dentro del contexto de las necesidades y requerimientos de la iglesia. Se espera que los candidatos para la ordenación cumplan con tales requisitos de acuerdo con los procesos y procedimientos establecidos. En el libro, defiendo que los requisitos específicos pueden cambiar de acuerdo con las necesidades y entendimientos de la iglesia, y demuestro que este ha sido el caso a lo largo de la historia de las iglesias cristianas.

Uno puede señalar muchos ejemplos. En algunas iglesias wesleyanas y metodistas, a las mujeres no se les permitió ser ordenadas por completo hasta mediados del siglo XX, y en algunas iglesias cristianas esto sigue siendo así. Siempre ha habido expectativas educativas variables entre las iglesias, y los problemas físicos y emocionales a veces se han considerado como impedimentos para el ministerio. La formación específica para la ordenación ha variado según las interpretaciones teológicas de las Escrituras y la tradición. Tal vez los problemas más complejos que enfrentan las iglesias en los años posteriores a la publicación del libro tienen que ver con la homosexualidad. ¿Es legítimo ordenar a una persona gay, lesbiana o bisexual que es abiertamente practicante? ¿Cuál es su estado o condición en la iglesia? ¿Qué pasa con el matrimonio homosexual para clérigos o laicos? ¿Pueden los ministros ordenados realizar tales matrimonios? Hoy en día, las iglesias cristianas de todo el mundo, incluidas muchas de la tradición wesleyana, están divididas en estos temas y representan una variedad de puntos de vista, que a menudo dependen de su ubicación geográfica y social. No hay acuerdo sobre lo que es correcto o requerido. Es probable que estos problemas no se resuelvan por algún tiempo y que los cristianos de integridad difieran.

Si bien tengo mis propios puntos de vista sobre estos asuntos, este libro no hace afirmaciones en cuanto a lo correcto o incorrecto de cualquier conjunto particular de expectativas y requisitos para la ordenación. Más bien argumenta que, en la tradición wesleyana, si bien uno puede tener puntos de vista personales, la ordenación no es un asunto personal, sino que es el trabajo de la iglesia de apartar personas para su ministerio "oficial". Por esta razón, los ministros ordenados voluntariamente toman sobre sí mismos lo que John Wesley llamó el "yugo de la obediencia" y de ese modo buscan conformar sus vidas y su trabajo a las enseñanzas de la iglesia. Esta concepción teológica del ministerio cristiano ordenado es poderosa en su explicación y aplicación.

Es mi esperanza que los lectores de este libro lo encuentren inspirador. El ministerio ordenado es una gran vocación digna de un liderazgo consagrado y sobresaliente para el mundo de hoy. La visión wesleyana es que el llamado de la persona y el llamado de la iglesia juntos produzcan el tipo de ministerio ordenado necesario para la salud y vitalidad actual y futura de la iglesia cristiana.

Dennis M. Campbell
Mayo, 2018

Introducción

En 1917, el distinguido teólogo británico Peter Taylor Forsyth escribió que "la cuestión eclesiástica del momento no es la del laicado (como en la Reforma) sino la del ministerio".[1] Forsyth quiso decir que el problema más urgente que enfrentaba la eclesiología, la teología de la iglesia, tenía que ver con la vida y obra del clero. Es una cuestión de énfasis, por supuesto. El ministerio de la iglesia siempre incluye tanto al clero como al laicado; pero creo que la cuestión eclesiástica del momento a finales del siglo veinte es otra vez la naturaleza y el propósito del ministerio ordenado. Este libro es un esfuerzo para comprender la historia y la teología de la ordenación en el metodismo. Creció a partir de un interés suscitado por mi participación en la formación de personas para el futuro ministerio de la iglesia, mi servicio en una Junta de Ministerio Ordenado y mi investigación y enseñanza en eclesiología.

El desarrollo inicial de estas ideas fue para las Conferencias Franklin S. Hickman en la Universidad de Duke, que pronuncié en el otoño de 1985. El Dr. Hickman sirvió en la facultad de la Escuela de Divinidad de Duke de 1927 a 1953 como Profesor de Psicología de la Religión y de Predicación. También fue Predicador de la Universidad. Las Conferencias Hickman fueron dotadas de una generosa donación por su viuda, la Sra. Vera Hickman, en 1966. Agradezco al comité que me invitó a dar las conferencias, porque proporcionó el estímulo y me hizo que tomara el tiempo para organizar mi pensamiento y escribir.

Estoy en deuda con muchas personas que me han oído hablar sobre este tema en varias universidades, seminarios y escuelas de pastores, y han ofrecido consejos útiles.

Estoy especialmente agradecido con mis estudiantes y colegas en la Escuela de Divinidad de Duke, y con mis colegas en el ministerio ordenado, que han ayudado a dar forma y afinar mi pensamiento. Mi secretaria, Lois Blanton, ha dedicado muchas horas a este manuscrito; y mi familia, Leesa, Margaret y Trevor, han contribuido con el interés y el apoyo sin el cual no podría haber terminado.

Capítulo I
LA NATURALEZA DEL ASUNTO

Por eso te aconsejo que avives el fuego
del don de Dios que está en ti por la
imposición de mis manos...
— *2 Timoteo 1:6*

La ordenación no ha sido un problema importante para la mayoría de los metodistas. Los laicos generalmente han pensado en ello, si es que lo han hecho, como una autorización o acreditación de personas para "trabajar como ministros". El clero lo ha visto como un paso en el complejo proceso que conduce al servicio como pastor. Se le ha considerado como esa parte del culto público que tiene que ver con la aceptación oficial en una conferencia anual, que tiene lugar en una sesión ejecutiva de los miembros del clero de la conferencia. El verdadero problema para los metodistas ha sido la membresía a la conferencia anual, que admite a la persona al ministerio itinerante en la conexión y que es anterior a la ordenación como presbítero.

La falta de atención a la ordenación me resultó clara una vez cuando, como miembro de la Junta de Ministerio Ordenado, le pedí a un candidato a la Orden de Presbítero que explicara teológicamente qué sucede en el culto de ordenación cuando el obispo coloca las manos sobre la cabeza de la persona que va a ordenar. El joven no pudo responder a la pregunta, excepto para decir que entonces tendría las credenciales para ser ministro. Le pregunté, ¿por qué no sólo en-

1

viamos el certificado de credenciales por correo y le ahorramos a la conferencia anual el gasto y el tiempo de un culto de ordenación? No pudo dar una buena razón. No está solo. Me di cuenta entonces que muchos estudiantes nunca tratan específicamente con la teología de la ordenación en el seminario.

En la historia del metodismo el tema ordinariamente ha surgido sólo en lo que respecta a la cuestión de la legitimidad de las ordenaciones de Wesley o la relación entre la ordenación y el ministerio sacramental. Los metodistas episcopales norteamericanos se dieron cuenta pronto de la legitimidad de sus órdenes, especialmente como resultado de la articulación del asunto REALIZADA por el obispo Asbury. Los organismos metodistas dominantes (incluidos los de las tradiciones de los Hermanos Evangélicos Unidos) nunca se apartaron de la idea de que la ordenación es necesaria para la administración de los ministerios sacramentales del bautismo y la Cena del Señor (aunque se han hecho excepciones para satisfacer las necesidades pastorales de los cargos servidos por pastores locales bajo nombramiento). Pero, en general, los metodistas eran demasiado pragmáticos para preocuparse por los puntos finos de la teología de la ordenación. Ellos estaban inclinados a encontrar la legitimidad y autenticidad del ministerio en los resultados de la obra del predicador para la iglesia y la sociedad. Recientemente, sin embargo, la ordenación se ha convertido en un tema importante tanto para clérigos como para laicos en el Metodismo Unido y en otras iglesias cristianas.

La urgencia del tema para toda la Iglesia

Hay una serie de razones que explican por qué la ordenación es un tema tan actual.

1. *Tenemos dificultades para entender más plenamente el significado del ministerio.* Un énfasis creciente en el ministerio de toda la iglesia, tanto de laicos como de clérigos, ha traído una nueva atención al papel de todos los cristianos como ministros. Esto ha desafiado la opinión popular de que los ministros ordenados son "contratados para hacer la obra de la iglesia". También ha recordado a los laicos sus obligaciones con el ministerio de la iglesia. El ministerio es obra de toda la iglesia. Tiene lugar no sólo en los edificios en los que se reúne la iglesia y no sólo dentro de la comunidad cristiana, sino también en las comunidades más grandes del mundo en el que todos vivimos. No es fácil estimar la manera en que el ministerio cristiano sucede en el mundo y nunca es plenamente entendido. Una de las grandes necesidades del cristianismo contemporáneo es una mejor articulación y reflexión sobre el ministerio del pueblo de Cristo en el mundo.

Hay un lugar esencial para la ordenación en el ministerio de todos los creyentes, pero el signifiado de la ordenación y el propósito exacto de un ministerio "separado", necesitan una definición precisa en el contexto de la integralidad del ministerio cristiano. ¿Cómo es que exactamente la abnegación, el compromiso, la obediencia y el servicio se vuelven realidad en el ministerio profesional? La relación entre ministerios laicos y ordenados, y la función de cada uno, necesita ser entendida para que todas las variedades de los dones dados por Dios a la iglesia puedan ser usados y apreciados mutuamente.

2. *Tenemos dificultades con la relación entre renovación en el ministerio y renovación en la iglesia.* El metodismo unido está pasando por mucho autoanálisis a la luz de la declinación de la membresía. Hay problemas de identidad, vida espiritual, compromiso y servicio que preocupan a los comentaristas sensibles. El ministerio ordenado está recibiendo mucha atención porque la salud de cualquier iglesia está relacionada con la calidad de su liderazgo. A menudo tengo personas laicas que me preguntan por qué no podemos producir un clero más excelente. La suposición es que sólo una renovación significativa del ministerio ordenado asegurará el futuro de la iglesia.

La renovación en el ministerio involucra a laicos y clérigos; y ambos son esenciales para el futuro. Sin embargo, la historia del cristianismo muestra que hay una necesidad específica de excelencia en el liderazgo ministerial ordenado para que la iglesia sea efectiva. Exactamente cómo la renovación llega al ministerio ordenado es algo complejo teológicamente porque hay dimensiones divinas y humanas. La excelencia académica y la formación en el desarrollo de habilidades no son suficientes. El verdadero problema es espiritual. A menos que los ministros ordenados estén espiritualmente vivos, no serán efectivos. No podemos controlar la provisión de liderazgo para la iglesia por parte de Dios, pero podemos estar seguros de que la dimensión humana es sensible a las necesidades de la iglesia y hace todo lo posible para trabajar activamente por la renovación en las filas de los ordenados.

3. *Tenemos dificultades para entender la manera en que el llamado de Dios y el llamado de la iglesia funcionan conjuntamente para proporcionar un suministro adecuado de ministros ordenados para la iglesia.* Hay evidencia de que la próxima década verá una notable disminución en el número de ministros ordenados disponibles para su nombramiento en congregaciones. Varios factores están involucrados, incluyendo un gran número de jubilaciones de clérigos que entraron al ministerio en la década de 1950, un aumento en las jubilaciones anticipadas y la salida de algunos clérigos en la mediana edad hacia otras vocaciones. Además, la edad promedio de los seminaristas ha aumentado desde principios de los años setenta. Ahora muchos seminaristas son personas de segunda carrera que tendrán una permanencia relativamente corta en el ministerio. El viejo patrón en el cual uno entraba al ministerio y servía por cuarenta años o más, es menos frecuente. En los últimos diez años ha habido un aumento dramático en el número de mujeres en el seminario. Ahora el treinta y cinco por ciento de los seminaristas protestantes son mujeres y en algunos seminarios Metodistas Unidos las mujeres constituyen el cincuenta por ciento del cuerpo estudiantil. Sin embargo, todavía es demasiado pronto para juzgar cuál será el patrón a largo plazo de las mujeres en el ministerio. Las mujeres, sobre todo, han tendido a ser de mayor

edad mientras que están en el seminario y hay cierta evidencia de que el número de mujeres de segunda carrera que vienen a los seminarios se ha nivelado.

El Metodismo Unido está recibiendo su clero, en números cada vez mayores, proveniente de otras denominaciones. Esto significa que las personas vienen al metodismo cuando entran al ministerio, a pesar de que no han crecido en la denominación. Nuestro sistema de nombramientos garantizados es especialmente atractivo para las personas que vienen de iglesias con políticas congregacionales y nuestra apertura teológica atrae a muchos.[2]

También hemos experimentado un período en la sociedad estadounidense cuando las profesiones de servicio no han contado con el favor popular. El ministerio, la educación, el profesorado y el trabajo social no han tenido tantos solicitantes como la medicina, el derecho y los negocios.[3] Obviamente, el ministerio es significativamente diferente de otras profesiones. La manera en que juzgamos la calidad y el éxito es también compleja, porque el ministerio de la iglesia requiere de una amplia variedad de personas y habilidades.

Todos estos factores han contribuido a una situación en la que creo que el Metodismo Unido experimentará una escasez de ministros ordenados dentro de poco tiempo. No podemos reclutar personas para el ministerio como si fuera simplemente una entre numerosas vocaciones. Sin embargo, necesitamos prestar mayor atención a la manera en que podemos ayudar a las personas a reconocer el llamado de Dios al ministerio y a prepararse para el liderazgo ordenado en la iglesia.

4. *Tenemos dificultades para entender y articular los estándares y requisitos para la ordenación.* El ministerio de la iglesia cristiana siempre ha sido moldeado por la cultura a la que ha servido, aun cuando haya moldeado la cultura. Esto es obviamente cierto del ministerio metodista en los Estados Unidos. En los últimos veinte años el ministerio ordenado del metodismo ha sufrido algunos cambios importantes. El aumento de los requisitos educativos ha convertido al seminario en la norma y la educación continua en obligatoria. Los procedimientos de evaluación más regulares y organizados incluyen la participación de laicos además del superintendente de distrito y el obispo. Las mujeres constituyen un porcentaje creciente del clero. Tenemos un número significativo de parejas de clérigos y un número creciente de clérigos cuyos cónyuges tienen sus propias carreras profesionales. El ministerio ordenado no ha escapado a la realidad social del divorcio y, aunque antes el divorcio descalificaba al clero, ahora no es raro encontrar personas divorciadas sirviendo como pastores.

Hay tensiones en la iglesia con respecto a los estándares éticos que se esperan de los ministros ordenados. Las enseñanzas metodistas tradicionales sobre asuntos de moralidad personal como el uso del tabaco y las bebidas alcohólicas han sufrido cambios. Si bien una vez los ministros metodistas se comprometían a no fumar o beber, el *Libro de Disciplina* de 1968 eliminó las prohibiciones específicas e impuso lo que la Conferencia General llamó "estándares más altos de autodisciplina y formación de hábitos en todas las relaciones personales y sociales"[4]. Esto exigía que los ministros examinaran todos los aspectos de su comportamiento. Muchos en la iglesia no acogen favorablemente a los ministros que interpretan esta norma en el sentido de que pueden elegir el consumo de tabaco o alcohol, incluso si afirman hacerlo responsablemente. Otros favorecen el reconocimiento por parte de la iglesia de que las cuestiones morales van más allá de los asuntos de moralidad personal. La forma en que los ministros ordenados expresan su sexualidad también se ha convertido en una fuente de debate. Cuestiones de matrimonio entre clérigos, divorcio y homosexualidad son controversiales, y sobre todo cuando se discuten en el contexto de la ordenación. Existe una necesidad urgente de un mayor nivel de debate sobre estas cuestiones de los estándares y requisitos que sólo se puede lograr mediante una comprensión del significado de la ordenación.

5. *Tenemos dificultades para tratar con la naturaleza de la educación teológica para el ministerio ordenado.* El metodismo primitivo era escéptico de la educación formal para el ministerio. El mismo Wesley rompió con Oxford e insistió en que el primer requisito para el ministerio no era la preparación académica, sino la experiencia de un llamado directo de Dios. Sin embargo, Wesley era un intelectual que apreciaba la educación y prescribía un formidable curso de estudio para sus predicadores.[5] Una idea importante de la teología wesleyana es que el conocimiento y la piedad vital deben unirse: "Unid la pareja por tanto tiempo desunida: el conocimiento y la piedad vital".[6] En las condiciones ásperas de la frontera

norteamericana, el conocimiento fue a veces reemplazado por una piedad ignorante. El esfuerzo de Wesley por mantener un equilibrio entre la educación y la fe al afirmar la necesidad de la experiencia religiosa, abrió la puerta a la celebración irresponsable de la ignorancia en nombre de la religión experiencial. El anti-intelectualismo generalizado tan característico de la sociedad estadounidense en el siglo XIX es especialmente evidente en el temor de que un ministerio educado amenazara a la iglesia y a la fe.

Sin embargo, en 1816, el metodismo americano instituyó un curso de estudio requerido de todos los candidatos y supervisado por los presbíteros.[7] En 1834, el reverendo John P. Durbin escribió un famoso editorial en *Christian Advocate* titulado "Un ministerio educado entre nosotros". Durbin defendía una mejor educación para todos los miembros de la iglesia y la idea era que al educar a sus miembros, la iglesia estaría educando a su futuro clero. Poco a poco surgieron los defensores de la educación en el seminario. El seminario metodista más antiguo se abrió en Concord, New Hampshire en 1847 y otros le siguieron.

Sin embargo, la educación en el seminario fue la excepción más que la regla para la mayoría de los ministros metodistas a lo largo del siglo diecinueve y mitad del veinte. Todos, incluso los egresados del seminario, tenían que aprobar el Curso de Estudio para ser admitidos en la conferencia anual. Es sólo en años más recientes que cada vez más, las conferencias anuales requieren un título de seminario para la membresía en pleno y eximen del Curso de Estudio a los graduados de las escuelas teológicas. Este paso, por cierto, ha hecho que el Metodismo Unido pierda el control directo de la educación de sus ministros. Bajo el plan del Curso de Estudio, todos los ministros leen los mismos libros y, por lo tanto, comparten al menos un núcleo común de literatura bíblica, histórica y teológica.[8] Ahora los ministros Metodistas Unidos son educados en una gran variedad de seminarios y no hay un núcleo común de educación. Además, debido a la apertura metodista a las diversas tradiciones, y por razones de economía, demografía y suministro de pastores para cargos con estudiantes, nunca ha habido un intento de exigir que los pastores metodistas sean educados en seminarios metodistas. Somos una de las pocas iglesias principales que ahora no requiere que sus candidatos para la ordenación sean educados en seminarios relacionados con su propia tradición. Casi la mitad de los actuales candidatos ministeriales metodistas se encuentran en instituciones no metodistas unidas. Esta diversidad puede ser muy saludable; pero también puede ser problemática para el bien a largo plazo de la iglesia, especialmente si la educación básica en la teología wesleyana y la política metodista es débil.

Prácticamente todo el mundo tiene una opinión sobre los elementos apropiados de una educación para el ministerio y la medida en que la iglesia debe controlar la educación para la ordenación es una cuestión de inmensa importancia y debate actual. El asunto no puede ser tratado adecuadamente, ni mucho menos contestado, a menos que se preste atención al significado de la ordenación.

6. *Tenemos dificultades para tratar con la ordenación en un contexto ecuménico.* El Metodismo Unido de ninguna manera está solo en su atención a la ordenación. Estas preguntas están surgiendo en la mayoría de las iglesias protestantes y en el catolicismo romano también. Presbiterianos y luteranos en los Estados Unidos acaban de experimentar fusiones de iglesias que requieren un estudio extenso del ministerio y la ordenación. La introducción luterana de una forma de episcopado no ha estado sin tensión.[9] La Iglesia Episcopal y la comunión anglicana mundial están examinando la teología de la ordenación en su relación con el ministerio laico, el diaconado y especialmente la consagración de las mujeres como obispos.[10] Debido a una serie de problemas sociales y culturales, incluyendo una dramática caída en Norteamérica de los candidatos a la ordenación, la Iglesia Católica Romana está siendo desafiada desde adentro para examinar su propia historia y teología del ministerio[11] Todas estas iglesias, al igual que otras, están involucradas en una variedad de diálogos bilaterales y multilaterales internacionales sobre asuntos de ministerio y ordenación.

La Consulta sobre la Unión de la Iglesia en los Estados Unidos y el Concilio Mundial de Iglesias han producido documentos significativos sobre el ministerio. En particular, el Documento de Lima de la Comisión de Fe y Orden del Concilio Mundial sobre Bautismo, Eucaristía y Ministerio, evidencia una notable convergencia ecuménica.[12]

El Metodismo Unido, como una rama en el tronco de la tradición cristiana, y como parte de la iglesia mundial de Jesucristo, trata con el significado del ministerio y la ordenación en un contexto ecuménico. El metodismo tiene una tradición rica y en evolución que da forma a nuestra comprensión del significado de la ordenación. La investigación y reflexión continua nos está ayudando a aprender más sobre nuestra propia herencia, mientras que intentamos interpretar esa herencia responsablemente en una época de desarrollo y promesa ecuménica.

INFORMAR Y RENOVAR

El propósito de este libro es informar y renovar el ministerio de todo el pueblo de Dios. Las preguntas que surgen como resultado de los complejos factores mencionados anteriormente merecen una atención reflexiva. Todos los miembros de la iglesia deben considerar la naturaleza y el propósito de la ordenación. Para lograr esa consideración se requiere, en primer lugar, estudio bíblico e histórico. No se puede tratar, ni mucho menos comprender, el significado de la ordenación en el metodismo a menos que uno sepa algo acerca de sus raíces bíblicas e históricas. En consecuencia, examinaremos primero el ministerio de la iglesia con referencia a la Biblia y a la historia del cristianismo ecuménico.

El ministerio y la ordenación también tienen una tradición específica dentro del metodismo. Aunque nunca desarrolló una teología sistemática del ministerio, Wesley escribió ampliamente sobre el tema e instituyó una estructura de ministerio que ha informado al metodismo desde entonces. El metodismo episcopal estadounidense también fue moldeado por la singularidad de la experiencia norteamericana y prestaremos atención a la manera en que el ministerio metodista influyó y fue influenciado por su cultura. Sin embargo, el estudio de la ordenación no puede ser sólo histórico. El ministerio de la iglesia no es estático y se requiere una reflexión teológica sistemática para comprender el carácter representativo de los ministros ordenados y el significado de la ordenación en nuestro tiempo.

Este libro no es un intento de proponer un nuevo ordenamiento del ministerio metodista. Varias comisiones del cuadrienio han estado estudiando el ministerio en el Metodismo Unido. Sus informes han ocasionado a veces un acalorado debate, por lo general sobre el papel de los ministerios profesionales laicos y la naturaleza del diaconado. En el fondo los temas se han relacionado con la identidad y el lugar en la conferencia anual. Estas discusiones han requerido una nueva reflexión sobre la itinerancia, el nombramiento y el carácter esencial del ministerio metodista. Espero que este libro ilumine esas discusiones, sin entrar directamente en ellas, a través de la presentación de lo que ha sido y es actualmente la enseñanza de la iglesia sobre el ministerio.

Es urgente que toda la iglesia entienda algo de la historia y la teología de la ordenación para que los problemas apremiantes que se nos presentan puedan ser tratados desde una posición informada. En última instancia, el ministerio no es una cuestión de estructura y organización, sino de teología y misión. La autenticidad en el ministerio de la iglesia nos obliga a dar prioridad a la teología. La teología está ciertamente relacionada con la sociología, la economía, la política y todos los demás aspectos de la experiencia humana, pero la teología nunca debe reducirse a tales realidades.

Existe un cierto cinismo sobre el ministerio ordenado en gran parte de la iglesia de hoy. Por parte de los laicos esto es sugerido por la sospecha de que las preocupaciones por los beneficios y la promoción han suplantado la obediencia y el servicio por parte de algunos clérigos. El anti-clericalismo que puede fomentar esta actitud significa muerte a la iglesia por numerosas razones que dejaré en claro más adelante. Por parte del clero toma la forma de aquiescencia en un sistema que puede usarse para el interés personal y la autopromoción. El triunfo de la obsesión con el avance profesional y el proceso político da triste evidencia de esta realidad. Es esencial para el estado presente y la futura forma de la iglesia que este cinismo sea superado. Creo que sólo puede ser superado por la renovación, a través de la gracia de Dios, de nuestra comprensión del significado del ministerio y nuestro fiel compromiso para actuar en consecuencia.

El propósito de este libro, entonces, no es sólo informar, sino también invitar a todos, laicos y clérigos, a renovarnos en nuestros ministerios. En particular, por supuesto, espero que los hombres y mujeres llamados por Dios y la iglesia al ministerio ordenado encuentren que este libro es una ocasión para la reafirmación del llamado y los votos. Las palabras de 2

Timoteo 1:6 son apropiadas: "Por eso te aconsejo que avives el fuego del don de Dios que está en ti por la imposición de mis manos ..."

Mi texto y tema provienen del Servicio de Pacto de John Wesley:

"Tomamos con alegría el yugo de la obediencia, ... Ya no somos nuestros, sino tuyos".

La pregunta que enfrenta el ministerio hoy es si vamos a permitir que esa oración sea nuestra; si "nos uniremos a nuestro Dios del pacto con lazos dispuestos y tomaremos el Yugo de Cristo sobre nosotros".[13]

Capítulo II
EL MINISTERIO DE TODO EL PUEBLO DE DIOS

> *... a fin de que la congregación del Señor no sea como ovejas que no tienen pastor.*
>
> —*Números 27:17*

Todos los creyentes cristianos son llamados al ministerio. A veces esta idea no se entiende por la tendencia a usar el término "ministerio" para referirse popularmente a aquellos que están dedicados al servicio profesional a tiempo completo en la iglesia, generalmente ministros ordenados. Por lo tanto, hablamos de entrar al "ministerio" y nos referimos a la ocupación del clero, el ministerio a sueldo a tiempo completo, sociológicamente no diferente de otras profesiones clásicas como la medicina, el derecho u otras ocupaciones por las cuales hombres y mujeres se ganan la vida en nuestra sociedad. Este estrecho uso del término ministerio es desafortunado, sin embargo, porque trunca seriamente la comprensión más amplia y más rica del ministerio cristiano en la Biblia y la enseñanza de la iglesia.

El llamado al ministerio es una idea básica en la vida de la iglesia. La palabra griega del Nuevo Testamento es *diakonia*. Su significado es servicio. Ser miembro de la comunidad de los que siguen a Jesús es ser parte de una comunidad comprometida con el servicio. Jesús llamó a los discípulos a vivir en obediencia y servicio; y les encargó reunir a otros que se comprometieran con su idea y visión. Jesús propuso una inversión de la manera habitual en que las mujeres y los hombres piensan acerca de la grandeza y el servicio. La grandeza a los ojos del mundo implica poder, derechos y privilegios. Según Jesús, la grandeza tiene que ver con el abandono de tales valores humanos y asumir un compromiso con el servicio y el sacrificio. Tratando de explicar esto a sus discípulos, Jesús dijo: "Sabéis que los que son reconocidos como gobernantes de los gentiles se enseñorean de ellos, y que sus grandes ejercen autoridad sobre ellos. Pero entre vosotros no es así, sino que cualquiera de vosotros que desee llegar a ser grande será vuestro servidor, y cualquiera de vosotros que desee ser el primero será siervo de todos. Porque ni aun el Hijo del Hombre vino para ser servido, sino para servir y dar su vida en rescate por muchos" (Marcos 10:42-45, LBLA). El mismo Jesús es, pues, el gran ejemplo del servicio. Él dio su vida para que otros pudieran vivir. Como el cuerpo de Jesucristo en el mundo, la totalidad de la iglesia existe para el servicio.

La entrada a la iglesia es, por lo tanto, la entrada al ministerio. El bautismo, el sacramento por el cual las personas son iniciadas en la comunidad cristiana, puede ser considerado como una admisión al ministerio general de la iglesia. Los votos del bautismo, reafirmados en la Confirmación u otros servicios de renovación bautismal, comprometen al cristiano a una vida de amor y servicio en el mundo como miembro del cuerpo de Cristo.

EL MINISTERIO EN LA IGLESIA DEL NUEVO TESTAMENTO

La comprensión de que todos los creyentes cristianos están llamados a ser obedientes a Cristo en el ministerio de servicio proviene del Nuevo Testamento. Cualquier consideración del ministerio y del significado de la ordenación, necesita comenzar con el Nuevo Testamento y, ciertamente, el ministerio en la tradición wesleyana, como quedará claro más adelante, se entiende que es bíblico. El Nuevo Testamento demuestra una variedad de patrones de ministerio en la iglesia primitiva. No es sorprendente que esto deba ser así. La iglesia primitiva estaba luchando por determinar la mejor manera de llevar a cabo su misión; obviamente no había tradición cristiana, de manera que los primeros cristianos trataban de permanecer fieles a Jesús, de aprender de su herencia judía y de tomar prestado de la experiencia secular a medida que buscaban promulgar el ministerio de la iglesia. Ningún patrón es dominante en el Nuevo Testamento, pero se pueden extraer ciertas conclusiones teológicas. Es importante comprender primeramente los patrones básicos del ministerio representados en el Nuevo Testamento.

Todo ministerio cristiano se deriva de Jesucristo y, por lo tanto, comenzamos con la imagen del ministerio presentado por los evangelios sinópticos de la vida terrenal de Jesús. Jesús fue un reformador que proporcionó un acercamiento alternativo dentro del judaísmo al sacerdocio hereditario y los patrones convencionales de la religión establecida. En los evangelios, el ministerio está centrado en Jesús. Al referimos al ministerio de Jesús, nos referimos a toda su vida. Aun así, reúne a un grupo de seguidores y los invita, a través del ejemplo y la enseñanza, a unirse a él en el ministerio. Su propio ministerio es único, pero sus seguidores debían ser lo que nosotros consideraríamos como un movimiento de laicos llamados a vivir en obediencia y servicio. Los seguidores de Jesús constituían una especie de movimiento de renovación laical dentro del judaísmo.[14] Desde el principio, Jesús apartó a algunas personas para un liderazgo particular. Su identificación de los doce discípulos, "a quienes llamó apóstoles", es el principal ejemplo de la intención de Jesús de proveer liderazgo para su movimiento.[15]

También está claro que, desde el principio, la cuestión del liderazgo era problemática. Incluso los apóstoles malinterpretaron la naturaleza del carácter de servicio de Jesús, así como su comisión de ser siervos obedientes. Entre ellos discutían sobre "lugar" y "prioridad", y Jesús lucharía para ayudarles a entender cómo podrían ser a la vez servidores y líderes.[16] Sin embargo, Jesús nunca rechazó la necesidad de liderazgo y reconoció las diferencias de capacidades de liderazgo entre los apóstoles. La tradición de la prioridad de Pedro, por ejemplo, se deriva del relato evangélico de su reconocimiento de Jesús como "el Cristo, el hijo del Dios viviente".[17] Esta afirmación demostró la capacidad de Pedro para articular, por la gracia de Dios, la verdad de Dios en Cristo, y así ser capaz de transmitir el mensaje del evangelio.

Los evangelios muestran a Jesús como un líder intencional que reunió a su alrededor a un grupo que también fue comisionado como líderes. La naturaleza de este liderazgo era difícil de entender para sus seguidores, porque Jesús presentó una nueva visión de una comunidad de servicio dirigida por personas que eran siervas de la comunidad de siervos. Este modelo fue ejemplificado por el mismo Jesús que, "aunque existía en forma de Dios, no consideró el ser igual a Dios como algo a qué aferrarse, sino que se despojó a sí mismo tomando forma de *siervo*, haciéndose semejante a los hombres. Y hallándose en forma de hombre, se *humilló* a sí mismo, haciéndose *obediente* hasta la muerte, y muerte de cruz (Fil. 2: 6-8, el énfasis es mío).

Después de la resurrección y del don del Espíritu Santo a la iglesia, el cristianismo primitivo manifestó varios patrones de ministerio que, si bien eran diferentes entre sí, eran coherentes con la imagen que los evangelios presentan de Jesús y eran apropiados en el momento de la misión de la Iglesia. Uno de ellos es retratado por Pablo en su primera carta a la iglesia de Corinto, escrita desde Éfeso alrededor del 54 A.D.[18] Esta es probablemente la primera porción de la escritura en el Nuevo Testamento proveniente de la comunidad cristiana sobre el tema del ministerio. La imagen presentada es sobre los ministerios que son funcionales y carismáticos. En su carta, Pablo explica que no todos los creyentes cristianos son iguales, sino que todos reciben dones, por la gracia de Dios, que contribuyen al ministerio total de la iglesia:

Ahora bien, hay diversos dones, pero un mismo Espíritu. Hay diversas maneras de servir, pero un mismo Señor. Hay diversas funciones, pero es un mismo Dios el que hace todas las cosas en todos. A cada uno se le da una manifestación especial del Espíritu para el bien de los demás. A unos Dios les da por el Espíritu palabra de sabiduría; a otros, por el mismo Espíritu, palabra de conocimiento; a otros, fe por medio del mismo Espíritu; a otros, y por ese mismo Espíritu, dones para sanar enfermos; a otros poderes milagrosos; a otros, profecía; a otros, el discernir espíritus; a otros, el hablar en diversas lenguas; y a otros, el interpretar lenguas. Todo esto lo hace un mismo y único Espíritu, quien reparte a cada uno según él lo determina.

(1 Cor 12:4-11)

Luego de esta declaración básica, Pablo presenta su descripción clásica de la iglesia como el cuerpo de Cristo. Así como el cuerpo tiene muchas partes y cada una de las partes tiene su propósito, así la iglesia está compuesta de muchas personas con múltiples dones. Los dones no son todos iguales, no obstante, son dados por Dios para que funcionen juntos para el bien común:

De hecho, aunque el cuerpo es uno solo, tiene muchos miembros, y todos los miembros, no obstante ser muchos, forman un solo cuerpo. Así sucede con Cristo ... El cuerpo no consta de un solo miembro, sino de muchos ... Lo cierto es que hay muchos miembros, pero el cuerpo es uno solo ... Ahora bien, ustedes son el cuerpo de Cristo, y cada uno es miembro de ese cuerpo.

(1 Cor 12:12, 14,20,27)

Hay muchos otros lugares en los escritos de Pablo donde él expresa esta visión de la iglesia como el cuerpo de Cristo y los miembros del cuerpo como ministros que tienen dones particulares para traer al todo.[19] Estos escritos sugieren que en la iglesia del Nuevo Testamento hubo una clara convicción de que todos los seguidores de Jesucristo son llamados al ministerio y que el ministerio total de la iglesia está compuesto por las contribuciones de los muchos y diversos dones que se manifiestan en las vidas reales de servicio por parte de los creyentes cristianos. Hay variedades de dones dados por la providencia de Dios para servir a la iglesia y edificar el cuerpo de Cristo:

Y Él dio a algunos el ser apóstoles, a otros profetas, a otros evangelistas, a otros pastores y maestros, a fin de capacitar a los santos para la obra del ministerio, para la edificación del cuerpo de Cristo ...

(Ef. 4:11-12, LBLA)

En este patrón de ministerio, los diversos dones para el ministerio son funcionales y carismáticos. Eran funcionales en el sentido de que contribuían a las necesidades específicas de toda la comunidad. Son carismáticos porque son dados por Dios y reconocidos por la comunidad por su valor funcional, su contribución a la vitalidad del ministerio total, más que por una posición oficial, una capacitación especial o un estatus heredado.[20]

La imagen que presenta Pablo del movimiento cristiano en su manifestación más temprana después de la vida terrenal de Jesús es, por tanto, una de continuidad con lo que los evangelios sugieren que es la forma del movimiento de servicio que Jesús trajo consigo mismo. Es la imagen de una comunidad en la que todos los seguidores de Cristo están en el ministerio, en el que se reconoce una variedad de dones y en el cual estos dones se juzgan en cuanto a su contribución a las necesidades de toda la comunidad. Aunque existe una igualdad fundamental entre todos los creyentes cristianos, a algunos se les dan dones para el liderazgo dentro de la comunidad que los distingue como siervos de la comunidad de siervos. Este liderazgo, como lo demuestra Pablo, es un liderazgo que incluye la responsabilidad de la autoridad magisterial, de modo que la naturaleza y el propósito de la comunidad cristiana sea coherente con las intenciones de Dios tal como fueron manifestadas en Jesucristo.[21]

Otro patrón de ministerio en la iglesia primitiva estaba estructurado sobre el modelo de la sinagoga. La separación entre el cristianismo y el judaísmo fue gradual y duró muchos años. Era natural que los seguidores judíos de Jesucristo encontraran el modelo de la sinagoga apropiado para el ministerio.[22] Algunos líderes en la iglesia fueron reconocidos como "ancianos". Este patrón no contradecía el patrón carismático, porque la teología básica de la variedad de dones podía ser comprendida dentro de ella, pero implicaba una afirmación del estatus "oficial" concedido a algunos líderes. Estos líderes tomaron decisiones en nombre de la iglesia y dieron forma a la enseñanza y la misión. Así, desde la época más temprana, la Iglesia reconoció que algunos de sus miembros necesitaban autoridad para actuar en nombre del todo, particularmente en materia de enseñanza. Lucas, escribiendo la historia de la iglesia primitiva hacia finales del primer siglo d.C., cuenta cómo se estructuró la comunidad para la adoración, la enseñanza y la misión.[23] En las comunidades judeo-cristianas establecidas, sobre todo en Jerusalén, prevalecía el modelo de la sinagoga, y estas comunidades ejercían autoridad para la práctica cristiana. Incluso Pablo vino a Jerusalén para consultar con "los apóstoles y los ancianos" acerca de la misión a los gentiles y determinar lo que se requeriría de los conversos gentiles.[24]

La iglesia primitiva organizó su vida para que hubiera un liderazgo para las necesidades de los cristianos residentes en las comunidades y para la misión evangelística, particularmente entre los gentiles. Los libros del período más tardío del cristianismo del Nuevo Testamento elaboran modelos de ministerio más detallados. El papel de los evangelistas y maestros continuó, al igual que el cargo de anciano. En Tito 1:5-6, por ejemplo, existe la directiva de "designar ancianos en cada ciudad …, irreprensibles, marido de una sola mujer, que tenga hijos creyentes, no acusados de disolución ni de rebeldía".

La palabra griega para anciano es *presbyteros*. Eran líderes de la iglesia que tenían responsabilidades específicas para congregaciones específicas y ejercieron el ministerio en congregaciones en condiciones semejantes a lo que entendemos como ministerio ordenado. Pablo y Bernabé fueron escogidos y nombrados ancianos, y la tradición de los ancianos siendo nombrados por apóstoles o discípulos de apóstoles, continuó hasta finales del primer siglo.[25] El papel del anciano como alguien a quien se confía una congregación se demuestra en 1 Pedro 5:1-4:

> Por tanto, a los ancianos entre vosotros, exhorto yo, anciano como ellos y testigo de los padecimientos de Cristo, y también participante de la gloria que ha de ser revelada: pastoread el rebaño de Dios entre vosotros, velando por él, no por obligación, sino voluntariamente, como quiere Dios; no por la avaricia del dinero, sino con sincero deseo; tampoco como teniendo señorío sobre los que os han sido confiados, sino demostrando ser ejemplos del rebaño. Y cuando aparezca el Príncipe de los pastores, recibiréis la corona inmarcesible de gloria.

Así, los ancianos, o *presbyteroi,* fueron designados para ser pastores del rebaño de los cristianos en lugares particulares y debían moldearse a sí mismos de acuerdo con Cristo, el Príncipe de los pastores. Los ancianos debían enseñar, cuidar a los enfermos, ordenar la vida de la comunidad y ser ejemplos para la iglesia.[26] El patrón de los ancianos en el ministerio parece haber sido normativo, especialmente entre los cristianos estrechamente relacionados con la tradición judeo-cristiana cuya experiencia con el modelo de la sinagoga lo hizo natural.[27]

En las epístolas pastorales de Tito y Timoteo aparecen otros dos "cargos" ministeriales, el del obispo (*episkopos*) y el diácono (*diakonos*). *Episkopos* significa supervisor o superintendente, y un *diakonos* es el que sirve. En 1 Timoteo 3 hay una declaración de requisitos para los trabajos de obispo y diácono:

Palabra fiel es ésta: si alguno aspira al cargo de obispo, buena obra desea hacer. Un obispo debe ser, pues, irreprochable, marido de una sola mujer, sobrio, prudente, de conducta decorosa, hospitalario, apto para enseñar, no dado a la bebida, no pendenciero, sino amable, no contencioso, no avaricioso. Que gobierne bien su casa, teniendo a sus hijos sujetos con toda dignidad (pues si un hombre no sabe cómo gobernar su propia casa, ¿cómo podrá cuidar de la iglesia de Dios?); no un recién convertido, no sea que se envanezca y caiga en la condenación en que cayó el diablo. Debe gozar también de una buena reputación entre los de afuera de la iglesia, para que no caiga en descrédito y en el lazo del diablo.

De la misma manera, también los diáconos deben ser dignos, de una sola palabra, no dados al mucho vino, ni amantes de ganancias deshonestas, sino guardando el misterio de la fe con limpia conciencia. Que también éstos sean sometidos a prueba primero, y si son irreprensibles, que entonces sirvan como diáconos.

(1 Tim. 3:1-10)

Estos dos cargos estaban relacionados entre sí; el diácono era tradicionalmente asistente del obispo. El obispo en la iglesia primitiva era el líder pastoral de los cristianos en una comunidad particular, un superintendente pastoral en una congregación.

Podemos ver que hacia el final del primer siglo d.C., la iglesia del Nuevo Testamento estaba enunciando características específicas que buscaba en las personas que realizarían cargos ministeriales. La iglesia especificó ciertos requisitos para el liderazgo en la comunidad y afirmó su derecho y responsabilidad de hacer juicios sobre la idoneidad de las personas para el liderazgo desde su período más temprano. Los criterios indican que la iglesia tenía altos estándares para el servicio en estos cargos y que importaba mucho cómo eran percibidos no sólo dentro de la comunidad, sino también por los de afuera. Las personas en estas funciones debían ser representantes "oficiales" de la iglesia y, por lo tanto, tenían que estar por encima del reproche.

Los obispos y diáconos parecen ser el patrón en el cristianismo gentil, así como los ancianos fueron el patrón de liderazgo de la iglesia en el cristianismo judío. El término y la idea de *episkopos* se derivan de la autoridad civil romana. Es así como la iglesia tomó prestados patrones de liderazgo que funcionaban en otros lugares, aunque no se debe pensar que existiera un sistema exacto. La evidencia es que había mucha diversidad, incluso en la medida en que en algunos lugares los papeles de anciano (*presbyteros*) y obispo (*episkopos*) eran un cargo. Este es el caso en Tito 1:5-9:

Por esta causa te dejé en Creta, para que pusieras en orden lo que queda, y designaras ancianos en cada ciudad como te mandé, esto es, si alguno es irreprensible, marido de una sola mujer, que tenga hijos creyentes, no acusados de disolución ni de rebeldía. Porque el obispo debe ser irreprensible como administrador de Dios, no obstinado, no iracundo, no dado a la bebida, no pendenciero, no amante de ganancias deshonestas, sino hospitalario, amante de lo bueno, prudente, justo, santo, dueño de sí mismo, reteniendo la palabra fiel que es conforme a la enseñanza, para que sea capaz también de exhortar con sana doctrina y refutar a los que contradicen.

Aquí vemos que el *presbyteros-episkopos* debe ser irreprochable en su carácter, un modelo para la iglesia y el mundo, y un maestro responsable de la fe apostólica que puede instruir con autoridad. Los papeles de anciano y obispo se fusionan en un solo cargo de liderazgo en la iglesia primitiva.

Hemos estudiado ya las principales expresiones de ministerio que se encuentran en el Nuevo Testamento. Hemos visto que en Jesús mismo el ministerio fue ejemplificado de manera única y que él reunió una comunidad de seguidores que debían ser obedientes a su mandato de que también ellos ministraran al mundo. Jesús comisionó líderes para la comunidad, aunque no hubo una concepción "oficial" de liderazgo en la comunidad hasta más tarde. En la primera parte del tiempo luego de la resurrección, el liderazgo de la iglesia fue carismático y estructurado. Los ministerios carismáticos eran dones del Espíritu Santo dados de diversas maneras a miembros de la comunidad para el bien de la iglesia. Los ministerios estructurados fueron modelados principalmente según la sinagoga con los ancianos como los líderes. Posteriormente aparecieron los papeles "oficiales" de obispo y diácono. El obispo (*episkopos*) era una palabra y un cargo usados en el gobierno civil romano y adoptado por la iglesia.[28]

La imagen del ministerio en el Nuevo Testamento es de gran diversidad. Múltiples patrones están representados y ningún patrón es normativo.[29] Los académicos coinciden en que no existe un modelo de gobierno eclesiástico sancionado en el canon.[30] Sin embargo, pueden hacerse ciertas generalizaciones acerca del ministerio en el Nuevo Testamento:

1. Todos los cristianos son llamados al ministerio. El ministerio es la vocación de todos los seguidores de Jesucristo que comprenden correctamente su llamado a la obediencia en el servicio a la comunidad cristiana y al mundo.

2. Hay variedades de dones dados por Dios a través del Espíritu Santo para el bien de toda la iglesia.

3. Desde el principio la iglesia reconoció la necesidad de que algunas personas fueran separadas para el liderazgo de la comunidad. Estos líderes debían articular el evangelio de Jesucristo, enseñar la fe, ayudar a otros a practicar la fe en la vida cotidiana y ser ejemplos de la fe representando a Cristo a la iglesia y al mundo.

4. No existe una comprensión precisa de la política de la iglesia en el Nuevo Testamento. No hay ningún ordenamiento específico de los cargos de anciano, obispo y diácono, pero son escriturales y evidencian el lugar de las funciones "oficiales" del liderazgo en la iglesia desde sus primeros días.

EL MINISTERIO EN LA IGLESIA PRIMITIVA

Hemos visto que, aunque el liderazgo está claramente presente, el Nuevo Testamento no provee una sola concepción del ministerio cristiano sino varios patrones. No percibimos ningún sentido de organización formal de un "clero" en el Nuevo Testamento, ni tratamiento de la ordenación, ni deberes precisos de los líderes de la iglesia.[31] Fue la iglesia primitiva, luego del período del cristianismo del Nuevo Testamento, que refinó aún más las cuestiones de liderazgo.

La necesidad de organización no era evidente para los primeros cristianos, ya que se suponía que Cristo pronto volvería para redimir a su pueblo. A medida que pasaba el tiempo, y como los cristianos de segunda generación estaban presentes, fue necesario ocuparse de la estructura, la organización y la planificación para el futuro. Es un truismo sociológico que las comunidades humanas deben organizarse para una existencia efectiva. El liderazgo es necesario para que la organización sea efectiva. Ninguna comunidad humana puede funcionar desprovista de liderazgo. Ya en el Nuevo Testamento se detecta una evolución gradual desde el énfasis en los ministerios carismático-funcionales hasta los ministerios "oficiales" con requisitos y objetivos claramente establecidos. Incluso si los "cargos" no estaban estructurados o definidos, proporcionaron cuidado pastoral para las primeras comunidades residenciales de cristianos.

En el siglo segundo, a medida que la iglesia se expandía sobre una amplia área geográfica que incorporaba un número creciente de convertidos, la mayoría de los cuales eran gentiles no familiarizados con las raíces judías del cristianismo, la necesidad de liderazgo y el problema de unidad se agudizaron más de lo que había sido en el primer siglo.[32] ¿Cómo debe trabajar la iglesia para alcanzar cierta unidad de creencia y práctica frente a la rápida expansión y el encuentro con nuevas culturas? Este problema tomó dos formas: por un lado, la cuestión era la unidad de creencia. Esto se refiere a la autoridad magisterial. Para que las afirmaciones básicas del evangelio fueran comunicadas de manera coherente, era necesario que ciertas personas fueran encargadas de proclamar la "enseñanza correcta" de la iglesia. Por otra parte, la cuestión era la unidad de la práctica moral. Esto tiene que ver con la acción correcta o las implicaciones éticas del evangelio. Es esencial entender que la enseñanza correcta y la práctica correcta van juntas. Comprender el mandato del evangelio a la obediencia radical en el ministerio de la iglesia es ver una unidad de fe y práctica. No existía ninguna tradición del cristianismo y, por lo tanto, no existía ningún precedente al que pudieran apelar, y la iglesia primitiva empezó a experimentar disensión y trastornos que amenazaban su unidad y su eficacia como nuevo movimiento.

Para contrarrestar las tendencias hacia la disensión y trastorno en materia de enseñanza, la iglesia primitiva vio cada vez más la necesidad de que los representantes "oficiales" de la comunidad asumieran la responsabilidad de estos asuntos. En el tercer siglo, la enseñanza de la fe cristiana fue confiada al "clero", en un esfuerzo por asegurar su carácter apostólico.[33] La idea de un "clero" surgió en respuesta a la necesidad de la iglesia de liderar con respecto a la enseñanza correcta. Esta preocupación ya estaba presente en el Nuevo Testamento, pero fue exagerada por las realidades de la rápida expansión.

La idea de un "clero" (*kleros*) fue establecida primeramente por los escritores sacerdotales del Antiguo Testamento.[34] En Números 11:16-17, 24-25 y 27:15-23 se hace una distinción entre el pueblo y una persona que es separada para la responsabilidad del liderazgo de la congregación:

Ponga el Señor, Dios de los espíritus de toda carne, un hombre sobre la congregación, que salga y entre delante de ellos, y que los haga salir y entrar a fin de que la congregación del Señor no sea como ovejas que no tienen pastor.

(Núm. 27:16-17)

La ordenación aparece en el Antiguo Testamento en relación con el liderazgo del pueblo de Dios. En Levítico 8, la idea de la "ordenación" surge primeramente cuando Aarón y sus hijos son "consagrados" para el servicio. Hemos visto cómo la iglesia del Nuevo Testamento adoptó el modelo de la sinagoga judía en cuanto al concilio de ancianos, para uso en la comunidad cristiana. Así también la iglesia primitiva tomó prestado el concepto de un clero y el ritual de la ordenación para nombrar a algunos a cargos de representación para el bien del todo.

Poco a poco se produjo una fusión evolutiva de los sistemas de ancianos, por una parte, y de obispos y diáconos, por otra, dentro del concepto de clero. Este fue un proceso lento que no se puede trazar con precisión. Ireneo (m. 177 o 178), por ejemplo, escribe sobre la autoridad magisterial y usa *presbyteros* y *episkopos* de forma intercambiable. A principios del siglo segundo, Ignacio de Antioquía (m. 117) expresó una alta opinión del obispo cuando escribió: "obedece al obispo, como lo hizo Jesucristo al Padre ... porque donde está el obispo, está la iglesia católica".[35] Los obispos (o *presbyteroi-episkopoi*) funcionaban como pastores en congregaciones locales, con diáconos como asistentes. El término episcopado monárquico se refiere a la institución de un cargo episcopal que trabajó en procura de la unidad en la enseñanza correcta y la práctica correcta. La iglesia fue completada por el obispo cuya presencia autorizó actos oficiales como la Santa Comunión, el bautismo, el matrimonio, la instrucción o las fiestas de amor.[36]

El crecimiento de la iglesia dio lugar a la necesidad de superintendentes sobre áreas geográficas más grandes. En la mayoría de las áreas en las cuales las funciones de *episkopos* y *presbyteros* estaban separadas, evolucionó un patrón en el cual el obispo proporcionaba la superintendencia sobre congregaciones múltiples y el anciano se transformaba en el pastor de una congregación local. Los ancianos ejercieron autoridad para presidir la eucaristía, para la instrucción y para otras funciones pastorales. La transición a una mayor claridad sobre los cargos, las funciones y las responsabilidades de los clérigos tomó muchos años y no fue uniforme. Diferentes comunidades cristianas procedieron de diversas maneras y los patrones regionales persistieron durante largos períodos.

El tercer siglo produjo dos figuras importantes que influyeron mucho en la institucionalización del ministerio clerical. Hipólito (m. 235 o 236) se convirtió en un modelador determinante de la liturgia como resultado de su *Tradition Apostolica* (Tradición Apostólica). Aunque hay algunas evidencias de la evolución de la ordenación en el cristianismo antes del tercer siglo, Hipólito ofrece el primer relato principal de la práctica y sus rituales. Su obra incluye ritos para la ordenación de obispos, presbíteros y diáconos; y restringe el término a esos tres ministerios en su comentario sobre el significado de la acción. Cipriano (m. 258), Obispo de Cartago, fue un teórico de la naturaleza y función del ministerio, y su tratado sobre la *Unidad de la Iglesia Católica* es uno de los documentos más significativos que poseemos sobre la iglesia del tercer siglo. La articulación de Cipriano de una teología del ministerio y la ordenación litúrgica de Hipólito, dan testimonio del hecho de que a finales del tercer siglo ya estaba establecido en gran parte un patrón de ministerio ordenado.[37]

Los obispos eran entendidos como sucesores de los apóstoles. Eran elegidos por las comunidades locales, de entre los ancianos, y Cipriano es explícito en cuanto a que la guía providencial del Espíritu Santo está activa en la elección. Debido a esto, los obispos debían ser obedientes al llamado al episcopado incluso contra su voluntad. Los obispos a menudo terminaban siendo mártires y el cargo no proporcionaba mucha gloria mundana de todos modos, por lo que los hombres no necesariamente lo deseaban.[38] Los obispos eran ordenados con la imposición de manos por otros obispos (de otras áreas de la iglesia) y presbíteros, y a través de la oración por el don del Espíritu Santo.

Los presbíteros fueron comparados con los ancianos del Antiguo Testamento (Números 11:17-25) y estaban vinculados con los obispos como miembros de los *kleros*. Aunque sus funciones eran diferentes, la distinción exacta entre los *presbyteros* y los *episkopos* no era precisa, y por esta razón la ordenación del anciano fue hecha por el obispo y otros ancianos. Los diáconos, por otra parte, eran de una orden diferente (no miembros del *kleros*) y permanecían enlazados al obispo. Sus funciones fueron determinadas por el obispo y solo él imponían las manos en la ordenación.

La ordenación significaba la autorización de personas llamadas por Dios y comisionadas por la iglesia para tener responsabilidad por la fe. La ordenación tenía que ver principalmente con la autenticidad para

asegurar el carácter apostólico de la fe cristiana. Esta
es la razón por la cual la idea de la sucesión apostólica
era tan importante. Los obispos fueron identificados
como sucesores de los apóstoles porque estaban en-
cargados de mantener la continuidad con el mensaje
de Jesús y la fe de la iglesia primitiva. El papel del
obispo fue especialmente el de maestro de la iglesia en
la sucesión de los apóstoles.[39] La razón para reservar
el papel presidencial en la Eucaristía para el obispo o
el anciano fue que la Eucaristía reunió los elementos
esenciales de la enseñanza y práctica cristiana. Fue en
la celebración eucarística que la proclamación de la
obra, persona y promesa de Jesucristo fue más con-
cretamente evidente. Era esencial que estos "santos
misterios" fueran administrados por alguien que estaba "bajo órdenes" y "oficialmente" obediente a la
comunidad, para que el pueblo pudiera estar seguro
de que eran servidos por un pastor fiel.

Los ministros ordenados eran ejemplos para la
iglesia y para el mundo. Debido a esto, la iglesia primitiva continuó la práctica, señalada en las Epístolas
Pastorales, de establecer altas expectativas morales
para el clero. El clero representaba a la joven iglesia
en el mundo pagano. Eran los cristianos más visibles
y era esencial que fueran personas de las cuales la iglesia pudiera estar orgullosa. Fueron ellos los que más
probablemente sufrieron persecución por la fe y tuvieron que ser buenos modelos de martirio. A medida
que se desarrollaba la idea de órdenes ministeriales
ordenadas, la expectativa era que sólo las personas de
carácter sin mancha debían ser ordenadas. Se hizo

todo lo posible para evitar que una de sus figuras "representativas" causara vergüenza a la iglesia.

Hemos visto que fue en el período posterior al Nuevo Testamento que el ministerio ordenado se desarrolló como parte de la institucionalización de la iglesia. Este desarrollo gradual es difícil de rastrear porque la historia no está bien documentada y porque los patrones eran muy diversos. Aunque las prácticas y modelos específicos variaban entre las primeras comunidades eclesiales cristianas, es posible hacer ciertas generalizaciones históricas y teológicas:

1. *En los siglos segundo y tercero la iglesia primitiva continuó la institucionalización que vimos comenzando en el Nuevo Testamento.* Esta institucionalización fue reconocida como la obra del Espíritu Santo para asegurar que la iglesia, que como cuerpo de Cristo en el mundo es divina y humana, fuera efectiva como comunidad humana. Con el fin de mantener la continuidad con el mensaje apostólico y para proveer la unidad a medida que crecía rápidamente, la iglesia reconoció la necesidad de una enseñanza común con respecto a fe y práctica.

2. *La idea de "clero", personas separadas para ser líderes y ser responsable de la enseñanza autorizada, era cada vez más frecuente.* Este concepto era coherente con la tradición del Antiguo Testamento de separar a algunas personas para el liderazgo. A esto le siguió un desarrollo adicional de los cargos ministeriales neotestamentarios de ancianos, obispos y diáconos. Poco a poco los patrones de relación entre los

tres cargos llegaron a aplicarse, al igual que el entendimiento en cuanto a su responsabilidad por la enseñanza, el liderazgo litúrgico y el ordenamiento de la vida de la iglesia.

3. *La práctica de la ordenación, derivada de la tradición judía, se desarrolló para designar el apartamiento de "funcionarios" representativos de la iglesia para el servicio como diáconos, ancianos y obispos.* La ordenación implicaba renunciar al yo, tomar el yugo de la obediencia y aceptar el posible martirio por el bien del evangelio y la vida de la iglesia de Jesucristo.

4. *La iglesia continuó, amplió y elaboró la tradición neotestamentaria de establecer criterios por los cuales se juzgaba la idoneidad de una persona para la función ministerial.* Estos requisitos incluían juicios estrictos sobre el carácter moral, ya que los ministros ordenados eran figuras representativas "oficiales" de Cristo ante la iglesia y de la iglesia ante el mundo.

EL MINISTERIO EN LA HISTORIA CRISTIANA

Mientras que la comprensión metodista del ministerio y la ordenación está moldeada por la Biblia y por la iglesia primitiva, los progresos en la concepción del ministerio en la historia posterior también afectaron los puntos de vista de Wesley. Si bien en este libro es imposible presentar una historia completa, es necesario tener cierto conocimiento de las principales ideas y prácticas en los años entre la iglesia primitiva y el surgimiento del metodismo en el siglo dieciocho, si queremos entender el lugar del metodismo en la tradición más amplia.[40]

Como resultado de la conversión del Emperador Constantino al cristianismo en el año 312 D.C, surgió un cambio decisivo en el papel y la percepción del ministerio ordenado. El cristianismo ya no era considerado como una amenaza para el Estado y el ministerio ordenado fue liberado de la perspectiva del martirio y la ignominia. Esto cambió el carácter de la vocación, al igual que el posterior establecimiento del cristianismo como la religión oficial del Imperio Romano. La idea de una "carrera" en la iglesia se tomó del Estado. La noción de jerarquía y un "sistema de escalera", en el que progresivamente se avanza desde "abajo" hasta "arriba", provenía de la administración pública romana. No fue una idea nueva, sino que en este período los papeles de diácono, presbítero y obispo fueron definidos y establecidos en una relación jerárquica entre sí, para adaptar los ministerios oficiales de la iglesia a un modelo de carrera que proporcionaba tanto estructura como un patrón de avance. De esta manera, los ordenandos comenzaban en el diaconado, progresaban hacia el presbiterio y, para algunos, había avance al episcopado. A finales del siglo cuarto, las tres órdenes y su relación jerárquica entre sí fueron reconocidas a lo largo de toda la Iglesia.

El patrón de hacer "carrera en el ministerio" exageró la distinción entre laicos y clérigos que se desarrolló en la iglesia primitiva. Esta distinción era cada vez más clara a medida que la educación se convirtió en un sello distintivo del clero. A menudo, los clérigos eran las únicas personas sistemáticamente formadas en destrezas rudimentarias de comunicación. El aprendizaje avanzado pasó a ser ámbito de la iglesia, y el clero fue capaz de ofrecer liderazgo para la cultura porque eran los únicos equipados para hacerlo. La relación entre el clero y la educación es, por lo tanto, muy antigua.

La iglesia medieval llevó la idea del clero como líderes dominantes en la sociedad a quizás su punto más grandioso en la historia de Occidente. La orden triple de diácono, presbítero y obispo fue elaborada para incluir órdenes menores laicales y clericales, y numerosos niveles superiores de servicio. La Europa medieval era una "cultura cristiana" en la que la iglesia definía la realidad. En consecuencia, el clero ocupó papeles influyentes y poderosos no limitados a los asuntos eclesiásticos, sino incluyendo el servicio en todos los ámbitos de la sociedad, incluso los niveles más altos de gobierno. Las órdenes religiosas (como los benedictinos, los agustinos, los cistercienses, los dominicos y los franciscanos) se convirtieron en grandes instituciones internacionales que daban liderazgo para el servicio, la educación, el arte y la cultura general. La combinación del virtual monopolio del clero con la educación, el poder de las órdenes, la fortaleza económica de la iglesia y el apoyo de los gobernantes, dio lugar a las primeras fundaciones universitarias.

Las universidades, en sus primeros días, eran instituciones eclesiásticas cuyos profesores eran clérigos y cuyos eruditos tenían por lo menos órdenes clericales menores. Las profesiones eruditas como el derecho y la medicina se convirtieron en disciplinas cuando el clero, comprometido con el ideal de servicio a las personas y a la sociedad, formó facultades especializadas en la universidad para preparar personas para tales vocaciones. Las profesiones están arraigadas en la idea teológica cristiana de sacrificio y servicio; comenzaron como ocupaciones especializadas de "profesionales religiosos", personas que "profesaban" el cristianismo y cuyo compromiso era el servicio cristiano. Gradualmente, la suposición de que las órdenes clericales eran necesarias para las profesiones comenzó a cambiar y los laicos desempeñaron estas funciones, aunque las facultades universitarias eran predominantemente de clérigos durante siglos.[41] No se puede entender el Oxford de John Wesley a menos que uno sea consciente del papel continuo de la iglesia en la educación.

La imagen de la cultura medieval es aquella en que la visión cristiana de la realidad era dominante y las instituciones cristianas eran preeminentes. El papel central de la iglesia significaba que el clero tenía poder y autoridad considerables. Este poder y autoridad provenían no sólo de la fuerza política y económica, sino también, y quizá lo más importante, de la idea del poder sacramental del sacerdocio. Tomás de Aquino (1225-74) proporcionó un brillante resumen filosófico de la teología del ministerio ordenado que había estado creciendo en la Iglesia Occidental por generaciones. Su articulación sistemática de los requisitos, impedimentos y significado de la ordenación, estableció la opinión de que la ordenación presbiteral (órdenes sacerdotales, la palabra sacerdote se deriva de *presbyte-ros*) resulta en un cambio de carácter permanente e indeleble y era, por lo tanto, un sacramento. El sacramento de la ordenación le dio al sacerdote el poder de conceder o rechazar el perdón, así como de realizar los otros ministerios sacramentales. Debido a que este poder era una realidad permanente, el sacerdocio ordenado era considerado como un "estado de vida", y la jurisdicción de un sacerdote no se limitaba a una parroquia o comunidad particular de creyentes. Esto se llegó a conocer como *ordinatio absoluta* (ordenación absoluta) porque los poderes y responsabilidades de los ordenados estaban separados de una congregación en una iglesia local. La autoridad única para administrar los medios de gracia, los sacramentos, que determinaban la vida o muerte futura del comulgante, dieron al clero un poder inmenso en una sociedad donde la creencia era casi universal de que la entrada al cielo o al infierno estaba controlada por la iglesia.

La grandeza de la idea católica medieval sobre la ordenación era su convicción de la objetividad del ministerio sacerdotal. Según este punto de vista, la gracia de Dios fue dada en el acto de ordenación por medio de la imposición de manos y la invocación del Espíritu Santo, de tal manera que hubo una alteración objetiva del ordenando. El sacerdote estaba facultado para transmitir la gracia de Dios a través de la realidad objetiva de los sacramentos. Se entendía que los sacramentos eran operativos, a través de las palabras y acciones del sacerdote, aparte de la experiencia o inclinación humana, e incluso aparte de una congregación de creyentes. Así se justificaba la "misa privada", donde los sacerdotes celebraban la misa solos, apoyados por pagos financieros de laicos que compraban tales servicios para obtener el favor de Dios. Así, la grandeza de la idea de la ordenación también abrió la puerta a algunos de los peores aspectos del cristianismo medieval.

El poder de los ministros ordenados para ejercer una determinación decisiva sobre la salvación de un creyente, permitió que surgieran prácticas que mejoraban el estatus clerical, la riqueza institucional de la iglesia y el poder eclesiástico. El clero dominaba la iglesia mientras que la iglesia dominaba la sociedad. Los sacerdotes a menudo ignoraban la Biblia y participaban de un sistema de orden eclesiástico que victimizaba a los laicos, privándoles de las Escrituras y vendiendo los favores del ministerio de la iglesia, incluyendo el perdón de los pecados, en transacciones toscas que hicieron a la iglesia rica en cosas mundanas. Los obispos se adueñaron de los ornamentos de los príncipes y se consintieron con palacios, ropas finas y ricos adornos de oficio.

La Reforma Protestante del siglo dieciséis incluyó un ataque frontal a la comprensión del ministerio que había permitido que la autoridad y privilegio clerical se volvieran opresivos. La Reforma se caracteriza por tres centros principales de actividad: Alemania, Suiza e Inglaterra. Estos también corresponden con las principales tradiciones intelectuales; la Reforma en Alemania se identifica particularmente con Martín Lutero, mientras que la Reforma Suiza se identifica especialmente con Juan Calvino. La Reforma inglesa es diferente porque no está vinculada a un gran pensador teológico, y porque se desarrolló como un acto de estado, más que como un complejo movimiento teológico. Cada una de las principales tradiciones de la Reforma trató con el ministerio y la ordenación.

El metodismo surgió dos siglos más tarde, en el siglo dieciocho, dentro del anglicanismo, por lo que tenemos un interés particular en la Reforma anglicana. Sin embargo, debido a la experiencia y trasfondo familiar de John Wesley, el metodismo también fue influenciado por el pietismo y el puritanismo europeos y, por lo tanto, es importante para nosotros señalar las ideas principales de la Reforma Continental con respecto al ministerio.

Los Reformadores Continentales estaban convencidos de que un regreso al Nuevo Testamento requería una comprensión fundamentalmente alterada del ministerio de la iglesia. Su ataque a las enseñanzas y prácticas católicas medievales del ministerio enfatizó el ministerio de todo el pueblo de Dios. La frase "sacerdocio de todos los creyentes" se refiere al ministerio corporativo del cuerpo de Cristo en el mundo. Sin embargo, no elimina las distinciones funcionales entre los cristianos, ni elimina la necesidad de que la iglesia separe algunas personas para el servicio particular del ministerio ordenado.

Los protestantes insistieron en el rechazo de la ordenación como sacramento. También rechazaron la idea de que la ordenación tiene como resultado un cambio de carácter permanente e indeleble, el poder sacerdotal de perdonar el pecado, la idea de que los poderes conferidos en la ordenación no están relacionados con congregaciones específicas de fieles cristianos y la celebración sacramental aparte de congregaciones de creyentes. Los reformadores continentales establecieron afirmaciones positivas sobre el ministerio ordenado que creían basarse en la autoridad de las escrituras canónicas del Antiguo y Nuevo Testamento.[42]

El papel del ministro ordenado incluía la predicación y la administración de los sacramentos. Los Reformadores reaccionaron contra el énfasis casi exclusivo en los ministerios sacramentales en el catolicismo medieval. Su redescubrimiento de la Biblia se unió a una apasionada preocupación por la palabra predicada. Lutero escribió:

Tres grandes abusos han caído sobre el servicio de Dios. Primero, la Palabra de Dios no es proclamada; sólo hay lectura y canto en las iglesias. Segundo, debido a que la Palabra de Dios ha sido suprimida, muchas invenciones y mentiras no cristianas se han metido en el servicio de la lectura, el canto y la predicación, y son horribles de ver. Tercero, este servicio a Dios se está llevando a cabo como una buena obra por la cual se espera obtener la gracia y la salvación de Dios. Así, la fe ha perecido y todos desean donar a las iglesias o ser sacerdotes, monjes o monjas.[43]

Sólo la predicación fiel de la Palabra de Dios en la congregación podría ayudar a evitar que la iglesia caiga en el error.

El ministro ordenado recibió autoridad para predicar la palabra e interpretar la Biblia en la congregación. Aunque los Reformadores rechazaron el ministerio sacerdotal, no abandonaron la idea de la ordenación. En principio, todos los creyentes cristianos podían leer e interpretar las Escrituras, pero algunos eran separados para funcionar como maestros, predicadores y ministros de los sacramentos en nombre del cuerpo de Cristo.

La congregación debía elegir a su predicador, y la autoridad del liderazgo ministerial ordenado se derivaba de la congregación que se servía y que estaba relacionada con ella. Tanto Lutero como Calvino tenían una función para otros presbíteros al examinar, aprobar y ordenar a los ministros, pero lo esencial es que los reformadores continentales ofrecían una clara alternativa a la idea de la ordenación a un "estatus" que no estaba directamente relacionado con el ministerio en una congregación. Por lo tanto, rechazaron la "ordenación absoluta" de la Iglesia Católica Romana.

Los Reformadores acabaron con el ministerio jerárquico tripartito de diáconos, presbíteros y obispos, y abogaron por una ordenación, al presbiterio, que era administrada por otros presbíteros. Creían que esto era más bíblico que el elaborado patrón característico del catolicismo medieval. El argumento de una ordenación presbiteral fue el resultado de una fuerte antipatía hacia el episcopado y los excesos de pompa y orgullo que acompañó al cargo en la Europa medieval. Una iglesia reformada y purificada debía modelarse lo más posible según el Nuevo Testamento. En el Nuevo Testamente no se hallan papas, cardenales, arzobispos u obispos, por lo que la reforma del ministerio requirió simplificación y la eliminación de la jerarquía.

El ministerio protestante llevó la educación a un grado no requerido en el sacerdocio católico. Si bien era cierto que la educación era competencia de la iglesia en la Europa medieval, también era cierto que el sacerdote promedio a menudo era ignorante. Mientras pudiera decir la misa latina, podía funcionar. Los reformadores continentales mantuvieron la necesidad de educación debido a su insistencia en el papel central de la Biblia. Para interpretar la Biblia mediante la predicación y la enseñanza, era necesario que el ministro ordenado conociera las Escrituras y estudiara los comentarios y otras obras académicas. La imagen del predicador, especialmente para Calvino, era el maestro-erudito. El predicador debía enseñar a las personas de tal manera que ellos también pudieran leer la Biblia y entender la fe.

La ordenación en el protestantismo temprano era un cargo funcional en la iglesia relacionado con una congregación específica de creyentes. No hubo noción de un cambio de "estatus" que diera al ministro ordenado el poder de comunicar la gracia de Dios a través de los sacramentos sin importar asuntos de carácter, capacidad o dones para el cargo. Por lo tanto, el tema de la estatura moral idónea era central. La iglesia se preocupaba por el carácter moral porque sus líderes necesitaban reflejar el evangelio que proclamaban en la integralidad de su vida. La autenticidad del ministerio estaba en parte relacionada con su manifestación en las vidas del clero. Calvino lo dice sucintamente: "Para resumir, sólo han de elegirse aquellos que son de sana doctrina y de vida santa, no notorios en ninguna falta que pueda privarlos de autoridad y deshonrar el ministerio".[44] Los Reformadores continentales eran responsables de una nueva concepción del ministerio cristiano que buscaba a la vez ser bíblicamente sana, atenta a la tradición eclesiástica y apropiada para los tiempos.

La Reforma en Inglaterra no se identifica con el celo reformista de ningún importante pensador teológico, sino que fue una combinación de factores políticos, económicos, intelectuales y religiosos que resultaron en la ruptura oficial con la Iglesia Católica Romana y la inauguración de la Iglesia de Inglaterra. El Parlamento de Reforma (1529-1536), a través de una serie de actos oficiales, estableció una iglesia que estaba libre de control extranjero, pero que dejó prácticamente inalterada la idea y la práctica del ministerio. En este libro no podemos entrar en un extenso análisis de la Reforma inglesa, pero necesitamos examinar las implicaciones de la misma para el ministerio al notar varios principios importantes.[45]

El primero es la nacionalidad. La Iglesia de Inglaterra se definía por su identidad con el Estado, la monarquía, el idioma y las costumbres ingleses. Una de las mayores objeciones a la Iglesia Católica Romana era que una de las principales instituciones de Inglaterra, una institución que tenía vastas tenencias de tierras, influencia política significativa y que moldeaba y determinaba la vida y la muerte, estaba bajo el control de hombres que no eran ingleses. En un momento en que la Iglesia Católica Romana era una fuerza política, económica y militar formidable, y cuando los sentimientos de nacionalismo estaban creciendo, no fue difícil para el Rey y el Parlamento obtener apoyo para la separación oficial de la iglesia inglesa de Roma.

Un segundo principio era el de la continuidad. La posición de los reformadores ingleses era que una ruptura con Roma no afectaría la continuidad fundamental con la tradición apostólica. No cuestionaron la idea de la sucesión episcopal y argumentaron que el rechazo del papado no causó ruptura en la sucesión. La Reforma en Inglaterra fue un esfuerzo para hacer inglesa la Iglesia Católica; sólo con el paso del tiempo se hizo evidente que tal idea no era fácil de implementar. La continuidad también se aplicó al estilo de adoración y a la práctica. El *Libro de la Oración Común* del Arzobispo Thomas Cranmer, de 1549, fue un nuevo libro de servicio para la iglesia inglesa y una concertación entre el catolicismo medieval y el protestantismo. Aunque hubo una ruptura con Roma, también hubo una continuidad fundamental en el ministerio y el culto que siempre ha sido un sello distintivo de la Iglesia de Inglaterra.

El tercer principio era el de la uniformidad. La idea predominante era que la unidad en el estado requería uniformidad en la iglesia. En consecuencia, el *Libro de la Oración Común* se convirtió en el estándar de práctica para el ministerio de la iglesia. El hecho de que existiera una diversidad de opiniones sobre cuestiones teológicas en la iglesia hacía aún más evidente que era necesaria la uniformidad en el lenguaje, la liturgia y la teología. La idea de que la uniformidad era necesaria estaba relacionada con los principios de nacionalidad y supremacía estatal.

La supremacía estatal fue el cuarto principio de la Reforma inglesa. Cuando terminó el control papal sobre la iglesia cristiana en Inglaterra, el papa fue substituido por el monarca. El Acta de Supremacía (1534) hizo de Enrique VIII el "Protector y único Jefe Supremo de la Iglesia y el Clero de Inglaterra". El contraste entre la Reforma Continental y la Reforma en Inglaterra es particularmente agudo aquí. En Inglaterra, no hubo desafío a la noción de jerarquía en la iglesia y, por lo tanto, el entendimiento católico de ministerio se dejó en su lugar, sólo el rey estaba en la cima en lugar del papa. La realidad de la supremacía estatal significaba que la iglesia estaría sujeta a trastornos en cualquier momento en que se produjeran cambios políticos, y la lucha perpetua por la teología y la práctica perturbaría a la iglesia cuando Inglaterra experimentara turbulencia en el gobierno.

El siglo diecisiete fue particularmente turbulento ya que las ideas inspiradas por la Reforma Continental provocaron una revolución que puso fin a la monarquía y alteró el ministerio de la iglesia mediante la eliminación de los obispos entre los años 1649 y 1660. Es significativo para este estudio que los principios de nacionalidad, continuidad, uniformidad y supremacía estatal no fueron cuestionados. Así, aunque manifestaciones específicas de la iglesia cambiaron, los supuestos básicos no lo hicieron. Al final del siglo, justo antes del nacimiento de John Wesley, una monarquía protestante estaba en su lugar y la Iglesia de Inglaterra tuvo una vez más un gobierno episcopal, y básicamente la forma católica de ministerio, en la que los obispos gobernaron la iglesia y presidieron en las ordenaciones de los presbíteros y diáconos.

Este panorama de la compleja historia del ministerio en el cristianismo nos ha llevado desde la iglesia primitiva hasta principios del siglo dieciocho. El punto del estudio ha sido notar, por un lado, que el ministerio es muy diverso porque está moldeado por las particularidades de la circunstancia, así como por el pensamiento teológico y la práctica eclesiástica, y, por otro lado, que a pesar de la diversidad, son continuidades evidentes.

Integralidad en el ministerio

Una perspectiva general de la historia del ministerio cristiano muestra una serie de puntos de continuidad que contribuyen a nuestra comprensión del ministerio de todo el pueblo de Dios.

1. Toda la historia de la iglesia demuestra una preocupación por el liderazgo específico y organizado para el culto y para la enseñanza, incluyendo la enseñanza de la doctrina y la práctica.
2. No hay un modelo bíblico para el liderazgo, pero ciertos temas y conceptos bíblicos han dado forma consistentemente al pensamiento de la iglesia sobre el liderazgo ministerial.

3. El patrón triple de diáconos, presbíteros y obispos se convirtió tempranamente en la estructura dominante para el ministerio en la iglesia, aunque la relación exacta entre los tres se desarrolló lentamente y difirió en varios centros de la iglesia primitiva. La vinculación de los ministerios sacramentales con los presbíteros y los obispos tenía que ver con la necesidad de unidad en la enseñanza cristiana y se produjo muy pronto. La ordenación autorizaba a la persona "oficialmente" para representar a la iglesia. Más tarde, la teología sacramental católica romana propondría que la ordenación da lugar a un cambio de carácter indeleble en el ordenando y que la persona es ordenada a un "estatus" que no estaba relacionado con ningún lugar o trabajo específico. Esta perspectiva, unida a una exageración de la distinción entre laicos y clérigos, y un énfasis en el poder del clero sobre el pecado y la muerte, contribuyó a un clericalismo corrupto en el catolicismo medieval.

4. La Reforma Protestante hizo de la reforma del ministerio una de sus principales preocupaciones. Los Reformadores Continentales insistieron en que las Escrituras no permitían el tipo de modelo triple de ministerio dominante en el Catolicismo Romano. Argumentaban que los *episkopos* y los *presbyteros* eran funcionalmente iguales y que el ministerio sólo tenía sentido en relación específica con una congregación. Por consiguiente, la ordenación se consideraba como una autorización para enseñar y administrar los sacramentos. Las tradi-

ciones dominantes de la Reforma Protestante no desafiaron la necesidad del liderazgo ministerial ni su relación con los sacramentos, aun cuando enfatizaban la predicación y entendían la ordenación como autorización de la iglesia para ministrar en la congregación.

5. La Iglesia de Inglaterra, producto de la Reforma inglesa, mantuvo el patrón católico triple del ministerio con diáconos, presbíteros y obispos. Un fuerte movimiento protestante en el siglo diecisiete buscó una reforma radical, incluyendo la eliminación del episcopado, pero en última instancia el patrón tradicional prevaleció, a pesar del debate continuo sobre si había una diferencia teológica entre presbíteros y obispos. La concepción anglicana del ministerio ordenado fue influenciada por las tradiciones católica y reformada.

6. La mayoría de los cristianos pertenecen a iglesias en las que prevalece un patrón de ministerio triple. La comprensión teológica de las órdenes de ministerio es diversa, pero el modelo dominante implica el ministerio de diáconos, presbíteros y obispos. Prácticamente todos los cristianos pertenecen a iglesias en las que hay normativa para el liderazgo "separado" y en el que se prevén las funciones de diáconos, presbíteros y obispos, aunque la nomenclatura pueda ser diferente. Obviamente las diferencias teológicas son significativas, pero el punto es que las disposiciones bíblicas para el liderazgo, servicio y supervisión en la comunidad de Jesucristo se manifiestan en todas las iglesias.

7. Todos los cristianos son llamados al ministerio de la iglesia, pero no todos los ministerios son iguales.

Hay variedades de ministerios dentro de la iglesia, todos los cuales se derivan de Jesucristo, en quien los varios ministerios están fundamentalmente unificados. Los ministerios ordenados no representan una "caída" desde un estado "prístino" de ministerios carismáticos. La idea de que la iglesia debe recuperar su antigua inocencia representada por el tipo de ministerios que cité de Pablo, es un error teológico. El don del Espíritu Santo de Dios permitió que la iglesia se organizara, para que pudiera funcionar y servir en el mundo. Este es el significado de la encarnación. A medida que Dios se hizo humano en Cristo para vivir en el mundo, así la iglesia, como el cuerpo de Cristo, se convierte en una organización humana en el mundo. No es sólo una organización humana, también es divina, "Muy amada la Iglesia es de Dios".[46] La iglesia es divina y humana; como tal, sus ministerios encuentran su comienzo en Cristo y son un don de Dios a través de la gracia del Espíritu Santo para el mundo.

El sacerdocio de todos los creyentes significa que la iglesia continúa el sacerdocio de Cristo, quien "no se exaltó a sí mismo" (Heb. 5:5). La naturaleza de este sacerdocio es un servicio de desprendimiento propio que caracteriza todo ministerio cristiano auténtico, tanto general como ordenado. El ministerio general y el ministerio ordenado nunca deben ser considerados como que están en conflicto, porque comparten el mismo carácter de siervo. Hay complementariedad e interdependencia entre los ministerios generales y ordenados.

La complementariedad de todos los ministerios cristianos es un concepto teológico importante. Afirmar que todos los cristianos son ministros no es "desmerecer" el clero. Es para recordarnos la compleja interacción entre laicos y clérigos. Afirmar la importancia y la integridad del clero no es "desmerecer" a los laicos; sino que es reconocer distinciones de funciones en la comunidad. Este capítulo ha descrito las razones de la distinción entre laicos y clérigos y ha mostrado el desarrollo del ministerio en la historia de la iglesia. He contado esta historia en el contexto del concepto teológico de integralidad para recordarnos que los laicos tienen ministerios honorables y vitales y que la ordenación es seriamente mal entendida si se piensa que el clero es más importante o central para la iglesia. Del mismo modo, es incorrecto no apreciar las contribuciones legítimas de quienes han sido ordenados. Quizás lo más importante que se debe aprender de este capítulo es que, en el mejor de los casos, la iglesia ha tratado el ministerio no en términos de poder, derechos o privilegios, sino en términos de servicio y de entrega.[47] Por la gracia del Señor Jesucristo y el don del Espíritu Santo, el ministerio es dado a la iglesia por el bien del mundo. Aunque no somos todos iguales, todos somos uno, y todos dependemos de Dios y somos llamados a hacer que nuestra voluntad se conforme a la voluntad de Dios. Nuestra igualdad en el ministerio está en nuestra subjetividad hacia Dios. No compartimos "derechos", compartimos la sumisión común a Dios. Todos somos igualmente necesarios; y, como Cristo, no nos exaltamos, sino que buscamos la humilde obediencia a la voluntad de Dios. Esta es la clave del ministerio de todo el pueblo de Dios.

Capítulo III
EL DESARROLLO DEL MINISTERIO EN LA TRADICIÓN WESLEYANA

> ... *sino que nuestra suficiencia es de Dios, el cual también nos hizo suficientes como ministros de un nuevo pacto, no de la letra, sino del Espíritu; porque la letra mata, pero el Espíritu da vida..*
>
> *-2 Corintios 3:5-6*

Para comprender el lugar de la concepción wesleyana del ministerio en el panorama más amplio de la historia del ministerio cristiano, hay que comenzar con el anglicanismo del siglo dieciocho. La Reforma inglesa, a diferencia de la del Continente, produjo una iglesia estatal que retuvo las tres órdenes católicas de ministerio: los diáconos, los presbíteros y los obispos. Los diáconos leían las Escrituras y predicaban, pero el diaconado era básicamente una primera orden en la que uno se preparaba para la ordenación presbiteral. Los derechos y las responsabilidades tanto de la predicación como de los ministerios sacramentales pertenecían a los presbíteros y obispos. La ordenación a ambos cargos requería la imposición de manos por un obispo, que se creía que estaba en sucesión directa con los testigos apostólicos de los ministerios originales de Jesucristo y las enseñanzas de la Iglesia.

Aunque las voces puritanas protestantes dentro de la Iglesia de Inglaterra del siglo dieciocho desafiaron el gobierno episcopal calificándolo de no bíblico y causaron agitación importante, la autoridad episcopal prevaleció. En el siglo dieciocho, la política episcopal no era una cuestión importante de discordia para los anglicanos, y ya que el gobierno de la Iglesia estaba acoplado al estado, las reglas que gobernaban las órdenes y la práctica del ministerio se consideraban esenciales para el bienestar civil. La Iglesia fue una institución dominante porque se estableció como un brazo del Estado, pero, en general, carecía de vitalidad, quizás en parte porque su clero participaba en un sistema estéril que no alentaba ni exigía un liderazgo creativo. Mientras que John Wesley atacó frontalmente la falta de vitalidad cristiana en la Iglesia y la calidad de su clero, asumió el contexto anglicano. Nunca abandonó la Iglesia y defendió su estructura teológica considerándola tanto apostólica como bíblica.[48] Al mismo tiempo, introdujo innovaciones que juzgaba esenciales para la misión, que eran contrarias a la práctica anglicana. La teología del ministerio de Wesley evidencia un compromiso tanto con la tradición católica expresada en el anglicanismo, como con la insistencia evangélica de que el ministerio del evangelio no está restringido a ninguna estructura eclesiástica.

EL ENTENDIMIENTO DE JOHN WESLEY EN CUANTO AL MINISTERIO

El padre de John Wesley, Samuel, era un clérigo anglicano y su madre, Susana, una devota mujer laica. Ambos llegaron al anglicanismo por elección y estaban convencidos de la exactitud de la política y la práctica anglicanas a pesar de profundas raíces familiares en el Puritanismo disidente. El padre de Susana, el doctor Samuel Annesley, fue un prominente ministro puritano que fue expulsado de su púlpito de Londres en 1662 debido a sus opiniones no conformistas. Las opiniones religiosas de Susana no se ajustaban a las de su padre y se convirtió en anglicana cuando tenía trece años. Samuel fue ordenado en 1690 y pasó cuarenta y cinco años como sacerdote de la Iglesia de Inglaterra. El entendimiento temprano de John Wesley sobre el ministerio fue arraigado y formado en un contexto anglicano.

Después de graduarse del *Christ Church College* [Colegio universitario Iglesia de Cristo] de la Universidad de Oxford, en 1724, Wesley se preparó para el Orden Sagrado y fue ordenado como diácono el domingo 19 de setiembre, 1725, por el Obispo John Potter en la Catedral de la Iglesia de Cristo, Oxford. El obispo Potter lo ordenó como sacerdote el 22 de setiembre de 1728, también en Oxford. Durante toda su vida Wesley fue un sacerdote de la Iglesia de Inglaterra, aunque nunca sirvió a una parroquia convencional como el sacerdote a cargo. Su primer servicio regular fue como Profesor [*Fellow*] del *Lincoln College* [Colegio universitario Lincoln], Oxford. En esa función enseñó lógica, griego, filosofía y debate. Fue también durante este período que Wesley se involucró con un grupo de jóvenes devotos a quienes se le llamaba "metodistas" debido a su entusiasmo por las prácticas exigentes destinadas a perfeccionarlos en la vida cristiana. El hermano menor de

John, Charles, fue instrumental en la formación de este "Club santo", pero John se convirtió en su líder. Los miembros participaban en el ayuno, la Santa Comunión frecuente y varios ministerios de servicio social, incluyendo el ministerio de la cárcel. Este período de Oxford, llamado "primer ascenso del metodismo", es importante porque evidencia una serie de características principales del metodismo posterior, incluyendo énfasis en grupos pequeños, seriedad en el estudio de la Biblia y la adoración, recepción regular de la Sagrada Comunión, atención cuidadosa a los hábitos personales de la vida santa y al servicio social como parte necesaria de la fe cristiana.[49]

El rigor de sus prácticas externas no alimentaba sus necesidades espirituales y Wesley estaba frustrado e infeliz en su cristianismo. Debido a sus ansiedades acerca de su propia vida religiosa, Wesley aceptó una asignación poco probable para un profesor de Oxford bien educado y serio, cuando aceptó la invitación del Dr. John Burton, síndico[50] de la colonia de Georgia y patrocinador de la Sociedad para la Propagación del Evangelio y del General James Oglethorpe, Gobernador de Georgia, para servir como sacerdote misionero en Savannah. Navegó el 21 de octubre de 1735, junto con su hermano Charles y otros dos metodistas de Oxford, Benjamin Ingham y Charles Delamotte. Wesley se dispuso a hacer servicio cristiano, pero su motivo era egoísta. Esperaba que la experiencia lo confirmara y fortaleciera en la fe cristiana. En una carta al Dr. John Burton escribió que fue para salvar su alma:

El motivo principal, bajo el cual todo lo demás está subordinado, es la esperanza de salvar mi propia alma. Espero aprender el verdadero sentido del evangelio de Cristo predicándolo a los paganos. Ellos no tienen comentarios que malinterpreten el texto … De ellos, por lo tanto, espero aprender la pureza de la fe que ha sido una vez dada a los santos …[51]

Durante su año y nueve meses en Georgia, Wesley logró poco en el ministerio hacia los nativos americanos y la mayor parte de su trabajo fue con los colonos ingleses. La experiencia fue un fracaso. Trató de imponerles las prácticas exigentes de los metodistas de Oxford. Este "segundo ascenso del metodismo" continuó el interés de Wesley en la experimentación de la adoración, incluyendo la preparación y publicación de una *Colección de Salmos e Himnos*.[52] Sus reglas estrictas para la vida cristiana no concordaban bien con los endurecidos colonos en la tosca colonia de Georgia. Su ministerio carecía de sensibilidad pastoral e incluso permitió que sus responsabilidades oficiales quedaran nubladas por asuntos personales mientras atravesaba una desastrosa relación con una joven llamada Sophy Hopkey. Wesley, un hombre quebrantado e infeliz, partió de América el 22 de diciembre de 1737. Durante el invierno que cruzó a Inglaterra, escribió en su Diario el 24 de enero de 1738:

Fui a América para convertir a los indígenas; pero, ay, ¿quién me convertirá a mí? ¿Quién, quién me librará de este corazón perverso e incrédulo?[53]

La experiencia de Georgia no le proporcionó a Wesley lo que esperaba. Esto hizo que sus ansiedades fueran más severas cuando se dio cuenta de que su ministerio sufría de una falta de autenticidad. Él era un ministro ordenado serio y responsable del evangelio de Jesucristo, pero su ministerio era insatisfactorio para sí mismo e ineficaz con otros.

De regreso en Inglaterra, Wesley continuó con su inquietante búsqueda de seguridad religiosa a través de la lectura, la oración y la fundación, junto con el moravo Peter Boehler, de la "Sociedad de Fetter Lane", un pequeño grupo de personas serias y devotas. Wesley más tarde se referiría a esto como el "tercer ascenso del metodismo". La resolución de sus propias ansiedades religiosas vino en mayo de 1738 cuando experimentó la convicción personal de la gracia de Dios en Jesucristo. Al escribir sobre su experiencia del 24 de mayo de 1738, Wesley dice:

> En la noche fui de muy mala gana a una sociedad en la Calle de Aldersgate, donde alguien estaba dando lectura al prefacio de la Epístola a los Romanos de Lutero. Cerca de un cuarto para las nueve de la noche, mientras él describía el cambio que Dios obra en el corazón a través de la fe en Cristo, yo sentí un extraño ardor en mi corazón. Sentí que confiaba en Cristo, sólo en Cristo para la salvación, y recibí una seguridad de que él me había quitado todos mis pecados, aun los míos, y me había librado de la ley del pecado y de la muerte.[54]

La "experiencia de Aldersgate" de Wesley ha recibido una gran atención y fue un evento central en su vida. Hubo mucha preparación para dicha experiencia durante los años anteriores de ministerio y habría momentos sinceros de duda y desesperación que la seguirían. Aldersgate llegó a funcionar como un símbolo en el ministerio de Wesley y ha servido como un símbolo desde entonces para los metodistas. Aldersgate representa la llegada de la autenticidad al ministerio de Wesley. Después de Aldersgate, Wesley fue liberado de la preocupación obsesiva por sí mismo y, por lo tanto, fue capaz de proclamar el evangelio de Jesucristo con seguridad. Aldersgate produjo un cambio en Wesley que era más que personal. El cambio tuvo implicaciones para su ministerio y para su comprensión del ministerio cristiano.

John Wesley se convirtió en una figura central en el avivamiento evangélico del siglo dieciocho en Inglaterra porque su experiencia de Aldersgate y su posterior crecimiento espiritual lo convencieron de que Dios le había dado un ministerio "extraordinario".[55] El ministerio ordinario de la iglesia fue a través de su sistema parroquial establecido, pero Wesley no era un párroco y su ministerio de avivamiento se llevó a cabo como un itinerante. Cuando los púlpitos de las iglesias parroquiales se le cerraron, predicó al aire libre. Cuando la gente educada y sofisticada consideraron que Wesley los avergonzaba, se volvió hacia los pobres y desposeídos. Fue a las ciudades y pueblos industriales donde se encontraba la gente y no confinó

su trabajo a patrones eclesiásticos normales. Su famo-
sa afirmación acerca de que el mundo es su parroquia
no se trata de misiones mundiales, sino de su ministerio itinerante.

> El ser humano me prohíbe que lo haga en la parro-
> quia de otro; eso, en efecto, quiere decir no hacerlo
> nunca, puesto que ahora no tengo una parroquia
> propia, ni probablemente la tendré nunca más. ¿A
> quién pues deberé escuchar? ¿A Dios o al ser hu-
> mano? . . . Déjeme decirle ahora mis principios en es-
> te asunto. Considero todo el mundo como mi parro-
> quia, quiero decir que en cualquier parte de él donde
> estoy, lo juzgo digno, justo y mi deber declarar las
> buenas nuevas de salvación a todos los que quieran
> oír. Esta es la obra a la cual sé que Dios me ha lla-
> mado. Estoy seguro que su bendición la acompaña.[56]

La convicción de Wesley de que no iba a ser un sacerdote "ordinario" de la iglesia, sino un mensajero
"extraordinario" del evangelio, iluminó todos los aspectos de su ministerio y teología.

El metodismo era un movimiento de reforma dentro de la Iglesia Anglicana y el criterio principal para
juzgar cada aspecto de su ministerio era un testimonio
evangélico. A menudo se dice del metodismo que las
preocupaciones pragmáticas del ministerio tienen
prioridad sobre los puntos finos de la teología. En
cierto sentido esto es cierto, pero es importante entender que hay una razón teológica para la prioridad,
es decir, la misión evangélica. La convicción de su

ministerio "extraordinario" de proclamar el poder salvador de Jesucristo, iluminaría todos los juicios de
Wesley con respecto al ministerio. Aunque él nunca
articuló sistemáticamente una doctrina del ministerio,
se pueden mencionar seis puntos sobre su teología del
ministerio.

1. *Wesley reconoció un ministerio de predicación aparte del ministerio ordenado.* Mientras Wesley criticaba la vitalidad y
la calidad del ministerio ordenado, nunca cuestionó la
ordenación misma. Una de sus principales innovaciones, sin embargo, fue la insistencia de que la predicación no se limitaba al ministerio ordenado. La principal característica distintiva de la ordenación era su
relación con los ministerios sacramentales.

Nunca se debe pensar que Wesley minimizó los
sacramentos y especialmente la Eucaristía. El metodismo representaba un avivamiento sacramental dentro de la iglesia y algunos de los himnos más magnífi-
cos de Charles Wesley fueron escritos para servicios
eucarísticos. Los Wesley nunca renunciaron, por supuesto, a la enseñanza de la iglesia en cuanto a que
sólo los ministros ordenados administran los sacramentos. Hicieron una distinción entre los ministerios
sacramentales y la predicación.

El reconocimiento que hizo John Wesley de la validez de la predicación laica fue el resultado de su
convicción de que los laicos efectivamente trajeron
hombres y mujeres al conocimiento salvador de Jesucristo. Wesley nunca se cansó de señalar ejemplos exi-
tosos de predicación laica en el avivamiento evangéli-

co. En su firme defensa de la práctica apeló también a la iglesia primitiva y a la Reforma:

... ¿Y no eran laicos la mayoría de los que plugo a Dios usar para propagar la Reforma? ¿Podría esa gran obra haberse propagado en tantos lugares si los laicos no hubieran predicado?[57]

Los predicadores laicos del metodismo fueron una fuerza notable de hombres disciplinados que fueron aprobados por Wesley y nombrados por él al ministerio dentro de la conexión.

2. *Wesley insistió en que todo ministerio auténtico requiere un llamado interno de Dios.* Él distinguía entre el llamado al ministerio de Dios, el "llamado interno", y el llamado al ministerio de la iglesia, el "llamado externo". Entre los anglicanos de su época, el énfasis en el ministerio tendía a estar sobre la educación formal y la ordenación a las órdenes sagradas. En la ordenación, el Espíritu Santo empoderaba al Ordenando para ejercer el ministerio de Palabra y Sacramento y los actos externos de ministerio no estaban necesariamente relacionados con la vida espiritual interna del ministro ordenado. Wesley mismo funcionó como sacerdote de la iglesia durante diez años antes de Aldersgate. Su propia experiencia lo convenció de que el ministerio auténtico requiere la convicción interna del renacimiento en Jesucristo y el llamado de Dios.

El punto principal de la insistencia de Wesley en el llamado interno tiene que ver con la convicción evangélica de que la autenticidad en el ministerio requiere que el ministro haya aceptado el don gratuito de la salvación de Dios en Jesucristo para sí mismo y sienta el llamado interno de Dios a predicar. Preferiblemente, el llamado externo de la iglesia acompañará al llamado interno de Dios, pero, para resaltar el punto de la prioridad de la experiencia evangélica, Wesley enfatiza el llamado interno:

> Admito que esto es sumamente conveniente: que quien sea que predique en su nombre debe tener un llamado externo como uno interno; pero que sea absolutamente necesario, esto lo niego.[58]

3. *Wesley creía que la vida moral de los pastores debía ser ejemplar.* Desde el comienzo del metodismo en Oxford, el énfasis se puso en la vida santa. Wesley unió los énfasis teológicos de la justificación y la santificación, y esperaba que los metodistas "fueran adelante a la perfección". Los pastores del rebaño de Jesucristo deben ser ejemplos de vida santa para la iglesia y para el mundo:

> Se supone que deben ir delante del rebaño (como a la manera de los pastores orientales hasta el día de hoy) y guiarlos en todos los caminos de la verdad y la santidad.[59]

El carácter ejemplar de los ministros laicos y ordenados se daba por sentado en el metodismo primitivo y la disciplina se aplicaba estrictamente. Las preguntas de *La Disciplina*, que se han hecho a todos los predicadores metodistas desde los primeros días del movimiento, evidencian una fuerte preocupación por el rigor en la vida moral.

4. *Wesley creía que la autenticidad del ministerio debía ser juzgada por sus frutos.* Los frutos del ministerio cristiano incluían almas salvadas, nuevos miembros recibidos, nuevas clases iniciadas y participación en los ministerios de servicio social (tales como el cuidado de los enfermos y moribundos, el trabajo en la cárcel y la educación). Wesley era un gran guardián de registros y registrador del progreso del metodismo. Su ministerio antes de Aldersgate se caracterizó por rigidez y dogmatismo. Era devoto, disciplinado y decidido, pero carecía de un aprecio sensible por la flexibilidad que puede traer resultados positivos en el ministerio. La prioridad evangélica significaba que la prueba de la autenticidad sería la eficacia. Esto fue lo que le permitió participar en la predicación al aire libre, la oración extemporánea y hacer uso de predicadores laicos. También fue el ímpetu para permitir que las mujeres predicaran. Él determinó que su eficacia en el ministerio tenía que ser un don de Dios. El metodismo primitivo tenía un grupo significativo de mujeres en roles de liderazgo porque Wesley probaba el ministerio por sus frutos.[60]

5. *Wesley creía en un ministerio conexional que es nombrado y disciplinado.* Como movimiento de renovación dentro de la Iglesia Anglicana, los predicadores del metodis-

mo primitivo eran un tanto análogos a las órdenes monásticas comprometidas con la renovación de la Iglesia dentro del catolicismo romano. Funcionaban como un cuadro disciplinado de personas cuyas vidas estaban totalmente comprometidas con la revitalización de la Iglesia a través del avivamiento evangélico. Wesley desarrolló un sistema conexional de expectativas rigurosas, responsabilidad estricta y autoridad clara.[61]

El metodismo se construyó sobre la convicción teológica de que predicar el evangelio era la única prioridad. La predicación convirtió a los pecadores y guió a los miembros del rebaño de Jesucristo en sus esfuerzos por perfeccionar sus vidas a través de la gracia del Espíritu Santo, en el proceso de santificación. Todo lo demás fue sometido a este fin, incluyendo, y especialmente, las necesidades y deseos personales del ministerio. Sólo un sistema que colocara a los predicadores de acuerdo a las necesidades estratégicas de toda la conexión podría ser aceptable, y no se toleraría ningún sistema que permitiera la disensión y la controversia entre el liderazgo o el pueblo. La respuesta fue el poder de nombramiento con el que los predicadores y los miembros estaban de acuerdo.

Es crucial entender que las ideas de nombramiento y disciplina no fueron en primer lugar asuntos de estructura, política, organización o estrategia para Wesley y los primeros metodistas. Básicamente, estas ideas se derivan de convicciones teológicas relativas a disciplina, conexión y nombramiento. Una discusión importante de la teología wesleyana es que todos los

hombres y mujeres cristianos son puestos en su trabajo por Dios. El Servicio de Pacto de Wesley, que data
de 1755 y que puede ser su mayor obra litúrgica, es la
expresión más clara y conmovedora de la posición
teológica metodista sobre el "lugar". En el servicio el
ministro hace una declaración acerca de la naturaleza
del servicio cristiano, tal como se aplica a todos los
creyentes:

> Y ahora, amados, nos uniremos a nuestro Dios del
> pacto con lazos dispuestos y tomaremos el yugo de
> Cristo sobre nosotros.
>
> Tomar su yugo sobre nosotros significa que esta-
> mos sinceramente contentos de que él nos nombre a
> nuestro lugar y trabajo, y que él solo es nuestra re-
> compensa.
>
> Cristo tiene muchos servicios que se han de reali-
> zar; algunos son fáciles, otros son difíciles; algunos
> traen honor, otros traen oprobio; algunos son ade-
> cuados a nuestras inclinaciones naturales e intereses
> temporales, otros son contrarios a ambos. En algu-
> nos podemos agradar a Cristo y complacernos a no-
> sotros mismos; en otros no podemos agradar a Cris-
> to sino negándonos a nosotros mismos. Sin embar-
> go, el poder de hacer todas estas cosas ciertamente
> nos es dado en Cristo, que nos fortalece.[62]

Esta expresión clara de la comprensión wesleyana
del ministerio cristiano tiene varios elementos claves.

Todos los creyentes cristianos son llamados al ministerio y nombrados a ministerios por Dios. La en-

trada en el servicio de Cristo es por elección. Dios ha dado libre albedrío al hombre y la mujer, y por la gracia de Dios somos libres para "tomar el yugo de Cristo sobre nosotros". Por lo tanto, los lazos que nos unen a Dios y al servicio de Cristo, son "lazos dispuestos". Una vez que nos hemos unido a Dios en Jesucristo, nos contentamos con que Dios "nos nombre a nuestro lugar y trabajo".

Esta visión teológica de la naturaleza del nombramiento cristiano al servicio se expresa en el gran himno de Charles Wesley para el Servicio de Pacto:

Muévete, obra, guía,
A cada quien dones dad;
Puestos en tu voluntad,
La obra todos realizad.[63]

Wesley recoge aquí la visión paulina del ministerio expuesta en 1 Corintios 12:11, que examinamos en el capítulo anterior. Los primeros metodistas, bajo la dirección de los Wesley, percibieron la obra activa de Dios en sus vidas, en la medida en que consideraban que su posición en la vida y su trabajo eran parte del plan de Dios para el ministerio total. Este entendimiento debe ser visto en relación con otra gran enseñanza wesleyana sobre la participación humana en la salvación mediante la gracia santificadora. Así que, mientras que nuestra condición en la vida es un misterio de la gracia de Dios, no se trata de que no haya nada que podamos hacer al respecto. Aceptamos nuestra condición y buscamos crecer en gracia para cumplir la obra que Dios nos da. También debemos recordar que los metodistas tenían un gran sentido de comunidad y responsabilidad individual hacia la comunidad. En consecuencia, la fidelidad en el desempeño de las tareas designadas es juzgada por la comunidad. En el caso del metodismo primitivo esto se dio a través de las clases y bandas para los laicos y a través de la conferencia, encabezada por Wesley, para los predicadores.

En el caso de los predicadores, la teología wesleyana del servicio se tradujo en la idea de nombramiento. El nombramiento tenía por objeto fortalecer la obra del movimiento porque permitía que la misión fuera el factor determinante en el posicionamiento de los predicadores más que el deseo personal o las preferencias de las personas. Los predicadores itinerantes de Wesley ajustaron libremente sus voluntades a la voluntad del movimiento encarnado en el propio Wesley. Un sello distintivo del ministerio metodista, como lo articula Wesley, es la confianza en que la voluntad de Dios se resuelve en el proceso de nombramiento, aunque a veces sea difícil de ver. El significado teológico del nombramiento es que la persona se somete a la voluntad corporativa de la iglesia, representada por aquél a quien se da poder de nombramiento y tal sumisión es característica de la iglesia en relación a Jesucristo.

El nombramiento está relacionado con la convicción de Wesley sobre el carácter conexional de todo ministerio cristiano auténtico. El cuerpo de Jesucristo no es una realidad local, sino una conexión corporativa que trasciende cualquier manifestación local particular. Aquí Wesley tomó la imagen de Pablo de la iglesia como el cuerpo de Cristo (1 Corintios 12:12) literalmente. El metodismo ejemplifica el carácter interrelacionado de los creyentes y comunidades cristianas. Así como cada comunidad cristiana es una parte de la conexión más amplia, así cada ministro cristiano está ligado al ministerio más amplio. No existe tal cosa como una comunidad o ministro cristiano "independiente". El cristianismo no es una operación de bricolaje. Este principio fue la piedra angular del pensamiento de Wesley sobre la naturaleza de la iglesia. Su articulación y aplicación de este principio es una de sus continuas contribuciones al cristianismo ecuménico.[64]

Siempre ha habido objeciones a la noción de la teología del nombramiento y algunos de los problemas que ocasiona en la práctica. Más adelante en este libro examinaremos la idea tal como se traduce en el metodismo episcopal estadounidense. El hecho de que la fragilidad y el pecado humanos están presentes en la elaboración misma de la teología del nombramiento, va con el reconocimiento de que la iglesia es tanto humana como divina. Sin embargo, cualquier esfuerzo por comprender la teología wesleyana del ministerio debe reconocer el papel central que desempeñan los conceptos de disciplina, nombramiento y conexión.

6. *Wesley afirmó las órdenes ministeriales de la Iglesia de Inglaterra, pero negó que fueran absolutas.* Como hemos vis-

to, el entendimiento de John Wesley sobre el ministerio tenía sus raíces en el anglicanismo. Su relación con la Iglesia de Inglaterra es compleja porque siempre permaneció dentro de ella, pero dirigió un movimiento que se alejó cada vez más de ella durante su vida y finalmente se separó de ella después de su muerte. La historia completa de la relación de Wesley con su propia iglesia es demasiado complicada para tratarse en este libro.[65] Sin embargo, sus puntos de vista acerca de las órdenes anglicanas deben entenderse si se quiere comprender la ordenación en el metodismo.

Wesley no cuestionó las tres órdenes de ministerio, aunque afirmó, basándose en la historia cristiana, que los presbíteros y los obispos son teológicamente una misma orden y que el principal rasgo distintivo del episcopado es su función de supervisión (superintendencia). Esta idea no era nueva para Wesley. Como demostré en el capítulo anterior, el debate sobre la relación entre el presbiterio y el episcopado es antiguo en el cristianismo y fue recurrente dentro del anglicanismo. La perspectiva de Wesley, por lo tanto, no era única, aunque el hecho de que finalmente actuó conforme a ésta cuando ordenó hombres para América, lo hizo único.

Hacia el final de su vida las presiones sobre Wesley con respecto a la separación de la Iglesia de Inglaterra eran muy grandes. Siempre hubo clérigos anglicanos que formaban parte del movimiento metodista, pero la mayoría de los clérigos de la Iglesia de Inglaterra no apreciaban a los metodistas y no hacían mucho esfuerzo por brindar atención pastoral. A su vez, los metodistas no buscaban relación con las iglesias parroquiales y preferían recibir atención pastoral de sus propios predicadores no ordenados. A pesar de su falta de ministros ordenados, el metodismo estaba cada vez más funcionando como un cuerpo separado, incluso cuando Wesley mantuvo la posición oficial y para él absoluta, de que los metodistas no eran "disidentes" y que el movimiento funcionaba dentro de la iglesia.[66]

Si bien Wesley permaneció leal a la Iglesia y afirmó la autoridad de sus doctrinas y culto, no estuvo dispuesto a atribuir la misma autoridad a su gobierno. Esto fue porque insistió en que la Escritura es la autoridad primaria y distinguía entre lo que está prescrito en las Escrituras y lo que es escritural: "En cuanto a mi propio juicio, todavía creo 'que la forma episcopal de gobierno de la Iglesia es tanto bíblica como apostólica': quiero decir, bien de acuerdo con la práctica y los escritos de los Apóstoles. Pero que está prescrito en las Escrituras, no creo".[67] Esta distinción permitió la perspectiva de que las órdenes anglicanas de ministerio fueran plenamente coherentes con la fe apostólica, pero que la fe apostólica no dependía de ninguna forma precisa de organización eclesiástica.

LAS ORDENACIONES DE WESLEY PARA LOS ESTADOS UNIDOS

El entendimiento de John Wesley de las órdenes ministeriales surgió de una compleja interacción de su arraigo personal en la Iglesia de Inglaterra, su estudio de la historia del cristianismo, sus convicciones teológicas evangélicas y su experiencia religiosa y eclesiástica. Debido a que él mantuvo un relato tan detallado de su propia vida en su *Diario*, sabemos que su lectura influyó en sus puntos de vista sobre las órdenes ministeriales y la ordenación. Él da crédito a dos libros que tuvieron una influencia particular. En 1746, leyó el libro de *Lord* Peter King, *Account of the Primitive Church* [Descripción de la Iglesia Primitiva]. King cuenta la historia del desarrollo de las órdenes ministeriales y señala que la iglesia primitiva no tuvo un patrón de gobierno o ministerio. Además, King sostiene que la iglesia en Alejandría fue un ejemplo específico de los presbíteros que eligen y ordenan a los obispos después de la muerte de un ex obispo. El argumento de King es que los presbíteros y los obispos son una misma orden y que difieren por función. Funcionalmente los presbíteros son inferiores porque los obispos reciben una responsabilidad de supervisión. Wesley está de acuerdo con el juicio de King: "Releí la descripción de *Lord* King sobre la Iglesia Primitiva. A pesar del vehemente prejuicio de mi educación, estaba dispuesto a creer que se trataba de un proyecto justo e imparcial, pero, de ser así, obispos y presbíteros son (esencialmente) una misma orden . . ."[68]

El segundo libro que Wesley cita es *Irenicum* del obispo Samuel Stillingfleet. Stillingfleet también sostiene que no existe un patrón sancionado por las Escrituras del gobierno de la iglesia, y que originalmente no había diferencia teológica esencial entre el papel de los presbíteros y los obispos. El desarrollo de las órdenes ministeriales fue gradual y la aparición del episcopado como orden superior fue natural y útil, pero no fundamental para la fe cristiana. En una carta escrita en 1756, Wesley se refiere a Stillingfleet: "Creo que él ha demostrado sin lugar a dudas que ni Cristo ni sus apóstoles prescribieron ninguna forma particular de gobierno eclesiástico y que nunca se oyó el alegato en favor del derecho divino del Episcopado en la primitiva Iglesia".[69]

Como vimos en el último capítulo, la erudición moderna que trata con la historia y la teología del ministerio demuestra la exactitud de los juicios de Wesley. El Nuevo Testamento no prescribe una forma de gobierno de la iglesia y la orden triple de ministerios ordenados se desarrolló gradualmente en la iglesia. Es generalmente aceptado que el presbiterio y el episcopado no siempre están en una relación jerárquica entre sí. La forma en que las tradiciones de la iglesia interpretan esta información histórica es otra cuestión. La ordenación en el metodismo se deriva de los juicios y acciones de Wesley. Siempre sostenía que sólo los ministros ordenados podían administrar los sacramentos, pero la realidad práctica de la relación entre la Iglesia de Inglaterra y el movimiento metodista presentaba un serio problema. Las necesidades de los metodistas no estaban siendo atendidas por los ministros ordenados. A pesar de las convicciones intelectuales de Wesley acerca de las órdenes anglicanas de ministerio, no las desafió en el contexto inglés hasta muy tarde en su vida y sólo bajo presión extrema de su movimiento. Constantemente negó que sus acciones lo separaran a él o al metodismo de la Iglesia de Inglaterra. Fue la necesidad de ministros ordenados para el ministerio sacramental lo que llevó a Wesley a su polémica decisión de ordenar hombres para América.

Los comienzos del metodismo en las colonias americanas llegaron en la década de 1760 a través de la llegada de los laicos metodistas ingleses. Pronto fueron acompañados por predicadores laicos enviados por Wesley. Francis Asbury, que después sería el verdadero fundador del metodismo episcopal estadounidense, llegó a Norteamérica como predicador laico en 1771, cuando tenía veinticuatro años. Durante este período temprano, los predicadores acudían a Wesley por liderazgo, aunque, incluso antes de 1784, Asbury había comenzado poco a poco a asumir la prioridad como el "asistente" de Wesley, en el metodismo estadounidense. La Guerra Revolucionaria fue un período difícil porque la percepción popular veía al metodismo con sospecha ya que era un movimiento inglés y su jefe, Wesley, era un inglés ferozmente leal que se oponía totalmente a la Revolución. Mientras que la mayoría del clero anglicano y los predicadores itinerantes metodistas se fueron a casa antes de la guerra, Asbury permaneció y fue capaz de revivir el movimiento. El principal problema que enfrentó fue la falta de ministros ordenados. Los metodistas querían los sacramentos y no tenían a dónde acudir. Había pocos clérigos anglicanos y ningún obispo en la nueva nación. Los miembros de la iglesia estatal inglesa estaban más aislados en los aires libres de América que los metodistas. Asbury y los metodistas estadounidenses pidieron urgentemente que se hiciera provisión de ministros ordenados. En 1784, había 14.998 metodistas en los Estados Unidos que eran atendidos por ochenta y tres predicadores metodistas itinerantes no ordenados.[70]

La situación creó una crisis de liderazgo. Wesley insistió en que sólo las personas ordenadas podían administrar los sacramentos y los metodistas estadounidenses estaban de acuerdo. Hubo algunos que argumentaron a favor de una ruptura con Wesley, no en la cuestión de la necesidad de la ordenación, sino en la cuestión de la autoridad para ordenar. En la Conferencia de Fluvanna en Virginia, se intentó formar un movimiento para instituir la ordenación presbiteral para los Estados Unidos. Contra la voluntad de Wesley y Asbury, un pequeño grupo de predicadores metodistas formaron un "presbiterio" y se ordenaron unos a otros. En última instancia, los leales a Wesley prevalecieron, pero estaba claro que había que tomar medidas o Asbury y Wesley perderían el control por completo. Wesley se enfrentó a una situación nueva y difícil en Estados Unidos donde los metodistas estaban en igualdad de condiciones con otros grupos religiosos (no había una iglesia nacional establecida) y donde la referencia al anglicanismo para los ministerios sacramentales era imposible. Wesley pidió al obispo de Londres ordenar algunos de sus predicadores para los Estados Unidos, pero el obispo se negó.

En ese momento Wesley se basó en su conocimiento histórico y teológico, y su sentido práctico, para resolver el problema. Sus convicciones teológicas lo llevaron a dar el paso extraordinario de crear una nueva iglesia para el continente americano y ordenar y nombrar a hombres para dirigirla. Los hechos son los siguientes: A las 4 de la madrugada del 1 de setiembre de 1784, en Bristol, Wesley ordenó a Richard Whatcoat y Thomas Vasey como diáconos, y el 2 de setiembre los ordenó como presbíteros y los nombró para servir en Estados Unidos.[71] También "ordenó" como "superintendente" a Thomas Coke, quien ya era presbítero de la Iglesia de Inglaterra, y lo nombró a él y a Francis Asbury para servir como superintendentes de la nueva iglesia en los Estados Unidos. Wesley ordenó que Coke fuera a ordenar Asbury, y que ellos debían ordenar otros para el servicio entre los metodistas estadounidenses. En el *Diario* del 2 de setiembre de 1794, Wesley escribió: "Oré, ordené al Dr. Coke como Superintendente, mediante la imposición de manos y la oración (siendo asistido por otros ministros ordenados)".[72]

Las acciones que Wesley tomó con respecto a la ordenación no tenían precedentes porque dentro de los cánones de la Iglesia de Inglaterra un presbítero no tenía derecho a ordenar. Recuérdese, sin embargo, que ya en 1746, cuando leyó el libro de King, *Account of the Primiteve Church* [Descripción de la Iglesia Primitiva], Wesley había concluido que presbíteros y obispos eran esencialmente una misma orden y que la prioridad de los obispos era funcional. Hemos visto que desde el tiempo de Aldersgate, Wesley se consideraba a sí mismo como sirviendo en un ministerio extraordinario y, como líder de los metodistas, estaba funcionando como obispo en el sentido bíblico. Ciertamente él era un presbítero en la iglesia que funcionaba como "superintendente" o ejercía "supervisión" sobre una porción de la iglesia. En una carta dirigida a su hermano Charles en junio de 1780, escribió: "En verdad creo que tengo el derecho de ordenar con el fin de administrar la cena del Señor, pero veo abundantes razones por las que no debería usar ese derecho, a menos que fuera expulsado de la Iglesia".[73] Se llamó a sí mismo un "episkopos escritural" y actuó para asegurar el bienestar futuro del cristianismo en los Estados Unidos.

El hecho de que estas ordenaciones fueran para los Estados Unidos es significativo. Wesley dejó en claro que, aunque había sido presionado por los metodistas ingleses para ordenar, no lo había hecho porque la Iglesia de Inglaterra era la iglesia nacional establecida. En Estados Unidos, por otra parte, no había una iglesia establecida y era libre de iniciar una nueva iglesia para el continente. El problema en Inglaterra entonces, no era teológico sino legal. Teológicamente, Wesley juzgó que actuaba como obispo de los metodistas tanto en Inglaterra como en los Estados Unidos. En Inglaterra las disposiciones legales de la iglesia establecida le hicieron abstenerse de usar la prerrogativa de un obispo para ordenar, pero no se aplicaba tal limitación en el caso de los Estados Unidos:

Por muchos años me han pedido de vez en cuando que ejercite este derecho ordenando a algunos de nuestros predicadores itinerantes. Pero hasta ahora me he negado, no sólo para mantener la paz, sino porque había decidido violar lo menos posible las reglas establecidas por la iglesia nacional a que pertenezco.

Pero el caso es diferente entre Inglaterra y América del Norte. Aquí hay obispos que tienen una jurisdicción legal. En América no hay ninguno, ni tampoco ministros parroquiales. Así que por algunas cien millas a la redonda no hay nadie ni para bautizar ni para ofrecer la Santa Cena. Aquí, por lo tanto, olvido mis escrúpulos, y me siento en completa libertad, siendo que no violo ninguna orden y no invado el derecho de ningún hombre al ordenar y enviar obreros a la cosecha.[74]

Las acciones de Wesley en la ordenación de ministros para los Estados Unidos y más tarde para Escocia, Terranova, Nueva Escocia, las Antillas y finalmente para Inglaterra (alrededor de veinticinco en total), eran coherentes con su entendimiento del ministerio.

LA PROVISIÓN DEL RITUAL DE ORDENACIÓN PARA EL SERVICIO DOMINICAL

El recién nombrado Superintendente del metodismo estadounidense, el Dr. Thomas Coke, llegó a Nueva York el 3 de noviembre de 1784 junto con Vasey y Whatcoat. Con él trajo los Artículos de Religión para la nueva iglesia, que eran los 39 Artículos de la Iglesia de Inglaterra abreviados por Wesley a 24 artículos, una carta general de Wesley a los "Hermanos en América", y *El servicio dominical*, basado en *El Libro de la Oración Común* de 1662, pero revisado por Wesley para los metodistas estadounidenses. *El Servicio Dominical* no era sólo un servicio para el culto dominical, sino que incluía servicios para el bautismo, la Cena del Señor y otros servicios pastorales ocasionales como el matrimonio y el entierro de los muertos. También proporcionó un ritual de ordenación con servicios para la ordenación de diáconos, presbíteros y superintendentes.[75] *El Servicio Dominical* no se usó de acuerdo con las directrices de Wesley. No era práctico para la nueva iglesia en la áspera frontera de América, pero proporcionó el ritual para los servicios sacramentales, y el ritual de ordenación se ha utilizado casi exactamente como Wesley lo envió hasta este día. (Un ritual de ordenación alternativo con carácter opcional fue aprobado por primera vez en 1980.) El ritual de ordenación de Wesley es uno de los vínculos más directos del metodismo con su fundador y detrás de Wesley con el cristianismo católico.

En los servicios de ordenación Wesley hizo numerosos cambios en la liturgia de la Iglesia de Inglaterra, pero los principales ingredientes están presentes. Dejó la palabra "diácono" sin cambios, pero cambió "sacerdote" por "presbítero" y "obispo" por "superintendente". Quitó el lenguaje específicamente apropiado para Inglaterra y la iglesia nacional, pero dejó la mayor parte de las rúbricas y oraciones fundamentalmente inalteradas. Albert Outler hizo la observación de que el ritual de ordenación "liberaba el cargo de diácono de su enfoque restringido en una sola parroquia y lo hacía parte del ministerio itinerante".[76] Wesley incluyó el diaconado en los ministerios ordenados de la nueva iglesia, tal vez simplemente porque era tradicional en el anglicanismo y la tradición católica. Sin embargo, es significativo que los diáconos fueran ministros itinerantes bajo nombramiento, porque indicaba que el diaconado era una parte del plan del ministerio metodista.

Dos conclusiones principales se derivan del análisis del ritual de ordenación del Servicio Dominical:

1. *Wesley claramente tenía la intención de establecer una Iglesia Metodista independiente en América.* La realidad de la Revolución Estadounidense significó que el metodismo en los Estados Unidos podría ser diferente del metodismo en Inglaterra. La ausencia de una iglesia establecida significaba que el metodismo podía ser una iglesia. Ciertamente Wesley tenía en mente que nombraría a los superintendentes, pero es claro que sería una iglesia y una iglesia diferente del metodismo en Inglaterra.

2. *Wesley pretendía que la iglesia tuviera una estructura episcopal.* Wesley siempre fue episcopal. Cuando tomó el extraordinario paso de ordenar a hombres para el ministerio, Wesley no rechazó el episcopado ni adoptó una forma presbiterial de ordenación. Argumentó que teológicamente era un obispo, un "episkopos escritural", aunque no había sido consagrado formalmente.[77] Además, si no hubiera pretendido que Coke y Asbury *funcionaran* como obis-

pos, aunque usara la palabra "superintendente" (la cual, como vimos en el último capítulo, es una traducción apropiada del griego), seguramente no habría "ordenado" a Coke, que ya era presbítero, como "superintendente". Wesley envió al metodismo estadounidense una estructura de ministerio que incluía diáconos, presbíteros y superintendentes. También envió su entendimiento del significado de las órdenes ministeriales, que incluía la posición de que los presbíteros y los obispos son una misma orden, pero son funcionalmente diferentes debido al papel de superintendencia del obispo. Quizás la prueba más concluyente de la intención de Wesley de que el superintendente funcionara teológicamente como obispo, es que el acto de ordenación mismo estaba reservado para el superintendente. El ritual de ordenación requiere que el superintendente imponga las manos a los diáconos y, junto con otros presbíteros, ordene presbíteros. El por qué Wesley no utilizó la palabra obispo no se puede responder con autoridad. Creo que fue porque para él el título estaba identificado específicamente con el episcopado anglicano y Wesley rechazó la ostentación que acompañaba a los obispos que eran "señores del reino". Parecía querer para el metodismo un gobierno episcopal que no llevara consigo aquellos aspectos del episcopado que consideraba objetables. Tenía la intención de que fuera un "episkopos escritural".

LA CONTINUACIÓN
DEL MINISTERIO APOSTÓLICO

¿Qué pensamos del entendimiento de Wesley en cuanto al ministerio y del patrón de ministerio que dejó al metodismo? Como hemos visto, Wesley nunca desarrolló una clara posición teológica sistemática con respecto al ministerio o a la ordenación. Nuestra evidencia es lo que dijo acerca de lo que estaba haciendo mientras daba forma al movimiento metodista en Inglaterra y establecía una nueva iglesia para América.

La relación de Wesley con la Iglesia de Inglaterra es problemática en el mejor de los casos. Insistiendo en que siempre fue leal, no obstante, dirigió un movimiento que se hizo cada vez más separatista. Abiertamente desafió sus reglas cuando tomó sobre sí la autoridad para ordenar. Charles Wesley sostenía que la ordenación era separación, pero Juan mantuvo su posición hasta el final. Debemos afrontar el hecho de que a pesar de todas las afirmaciones de Wesley en cuanto a que los presbíteros y obispos son de una misma orden, la teología y la práctica anglicana hacen ver lo que él hizo mal ante los ojos de los anglicanos. Nunca fue un obispo consagrado. Algunos comentaristas anglicanos han tratado de excusarlo argumentando que él estaba realmente estableciendo la ordenación presbiteral para los Estados Unidos y que la "ordenación" que hizo a Coke fue simplemente un nombramiento como "líder" de la iglesia en América, como representante personal de Wesley. Según este punto de vista, Coke manipuló a Wesley para que subsecuentemente pudiera usar el título de "obispo".[78] Creo que esto es incorrecto, ya que la evidencia es que Wesley creía en el episcopado y que, incluso en su vejez, no era manipulado por nadie sobre asuntos importantes. Además, no encuentro ninguna evidencia en la correspondencia entre Coke y Wesley para sostener la opinión de que Coke estaba simplemente buscando preferencia. ¡Ir a América como Superintendente de Metodismo en 1784 era difícilmente hablar de preferencia!

Debemos contentarnos con el hecho de que Wesley no tenía claridad sistemática sobre las implicaciones teológicas o prácticas del patrón de ministerio para los metodistas en Inglaterra o en América. Al principio él ciertamente no tenía la intención de comenzar una iglesia, pero los eventos y la misión lo llevaron finalmente al punto donde pensó en fundar una iglesia para los Estados Unidos. Hay, por supuesto, otros asuntos teológicos donde Wesley es sistemáticamente vago (o inconsistente). Un ejemplo es su entendimiento del bautismo y su relación con la justificación, la regeneración y la santificación. Wesley mantiene la verdad y el poder del bautismo infantil aun cuando insiste en una experiencia posterior de nuevo nacimiento y regeneración. Quería abrazar tanto la enseñanza católica, tal como aparece mediada en el anglicanismo, como las verdades que llegó a conocer y creer como resultado de su experiencia evangélica.

Sugerí al comienzo de este capítulo que para comprender la concepción wesleyana del ministerio es necesario comenzar con el contexto anglicano. Wesley siempre asumió el contexto anglicano, pero luego añadió la flexibilidad que se deriva de la convicción de que siempre se da prioridad a las necesidades reales de la misión en el mundo. Wesley creía que la misión de la iglesia era una autoridad más alta que el orden de la iglesia. No se apartó con ligereza de la autoridad del orden de la iglesia, pero, como hemos visto, lo hizo así en una serie de asuntos.

No cometamos el error de pensar simplemente que los asuntos pragmáticos tomaron prioridad con Wesley. Lo que está en juego son dos posiciones teológicas diferentes. Wesley estaba convencido de que la misión evangélica debía ser primordial antes que el orden de la iglesia, aunque estaba bien consciente de que el orden de la iglesia funciona para asegurar la integridad del evangelio para la misión.

Wesley no creía que la integridad del ministerio apostólico fuera dependiente de la sucesión ininterrumpida de los obispos, aunque creía que el orden episcopal servía bien a la iglesia. El ministerio se deriva de Jesucristo y es un don de Dios a través del Espíritu Santo, y tiene lugar a través de las estructuras eclesiásticas de la iglesia, aunque a veces la misión requiere salir de ellas. La integridad teológica de la enseñanza cristiana está relacionada con la vida fiel de la comunidad de Jesucristo. El liderazgo de la comunidad es un don de Dios y está autenticado en la misión. La ordenación distingue a las personas para un liderazgo particular y tiene un lugar esencial en el ministerio total de la iglesia. La ordenación es un aspecto del entendimiento más amplio de Wesley en relación con el ministerio cristiano. El ministerio apostólico no depende de ninguna estructura o sistema político particular, pero encuentra su expresión en el carácter esencial de la misión evangélica del evangelio de Jesucristo.

Capítulo IV
LA ORDENACIÓN EN EL METODISMO ESTADOUNIDENSE

*... predica la palabra, insiste a tiempo y
fuera de tiempo; redarguye, reprende, ex-
horta con mucha paciencia e instrucción.*

-2 Timoteo 4:1-5

Nuestra consideración del ministerio en la tradición wesleyana ha mostrado cómo Wesley llegó a su decisión de ordenar hombres para el metodismo estadounidense y cómo decidió que la nueva iglesia debía ser estructurada. Las decisiones de Wesley, su plan y su argumento para el plan se desarrollaron, en el contexto americano, en una vigorosa política episcopal en la que los principios teológicos de itinerancia, nombramiento y conexión eran fundamentales. En Gran Bretaña, debido a la iglesia estatal anglicana, estos mismos principios se manifestaron, después de la muerte de Wesley, en un sistema de gobierno no episcopal. El metodismo episcopal estadounidense se convirtió en un sistema de gobierno eclesiástico único, influenciado por Wesley, pero moldeado por Asbury y el contexto estadounidense.

LA CONFERENCIA DE NAVIDAD DE 1784

La Conferencia de Navidad de 1784 es decisiva para cualquier consideración de la ordenación en el metodismo. Marca la traducción de las órdenes ministeriales metodistas de Wesley a Asbury y al metodismo estadounidense. Tan importantes fueron los acontecimientos de 1784, tanto en Inglaterra como en los Estados Unidos, que el obispo John Tigert, escribiendo en 1893, miraría hacia atrás y lo llamaría "el gran año crítico".[79] La piedra angular del "gran año crítico" fue la Conferencia de Navidad.

Después de que Thomas Coke llegó a los Estados Unidos con Thomas Vasey y Richard Whatcoat, el 3 de noviembre de 1784, se reunió con Francis Asbury y otros líderes del movimiento metodista para considerar el plan de Wesley. Determinaron que se necesitaba una Conferencia de los predicadores, la cual fue convocada para la víspera de navidad en Baltimore. La Conferencia se reunió en la Casa de Reuniones de Lovely Lane para explicar el plan que Wesley había enviado con el Dr. Coke y para organizarse para el futuro. De los ochenta y un predicadores ya entonces en los Estados Unidos, cerca de sesenta estaban presentes. La Conferencia se reunió durante diez días y tramitó muchos asuntos importantes, pero trató tres cosas de importancia determinante específicamente con respecto al ministerio:

1. La Conferencia organizó y dio nombre a la Iglesia Metodista Episcopal. La importancia de la elección del nombre y la organización no puede ser exagerada. Ciertamente, Wesley envió un plan para la estructura de una iglesia episcopal, pero los estadounidenses de la frontera pudieron haber alterado

el plan. No lo hicieron y, de hecho, por la escogencia del nombre, específicamente eligieron una estructura episcopal. El reverendo Thomas Ware, que estaba presente en la Conferencia de Navidad, recordó que John Dickens propuso el nombre de Iglesia Metodista Episcopal. Ware escribió que "estando todos de acuerdo en que el plan de superintendencia general, que se había aprobado, era una especie de episcopado, la moción de la sugerencia del Sr. Dickens se aprobó, sin ningún voto de disensión".[80] Juntamente con la estructura episcopal se dio la adopción de los tres ministerios de diáconos, presbíteros y superintendentes (pronto usarían la palabra "obispo"). De esta manera, el Metodismo Episcopal Estadounidense ha elegido desde el principio a estas tres personas. Cada uno de los tres cargos ordenados fue entendido como parte del ministerio itinerante.

2. La Conferencia eligió a Francis Asbury para ser superintendente general y fue ordenado. Asbury creyó que el superintendente general debía ser elegido y, aunque fue nombrado por Wesley, él insistió en la elección por la Conferencia. La tradición de la elección de los obispos entró en el metodismo americano por decisión de Asbury. Fue ordenado diácono el día de Navidad, sábado, 25 de diciembre, y presbítero el domingo, 26 de diciembre, por Coke, junto con Whatcoat y Vasey. Su ordenación como superintendente llegó el lunes, 27 de diciembre y, en este servicio, Philip William Otterbein, un pastor alemán reformado, también impuso las manos.

Ha habido mucho debate sobre el cambio en la nomenclatura de superintendente a obispo. Wesley usó el término superintendente para distinguir entre el cargo de superintendente y el cargo de un obispo anglicano. Al mismo tiempo, su plan y ritual de ordenación claramente propugnaban un ministerio "apartado" que funcionaría como un episcopado; y "superintendente" es una traducción inglesa alternativa de *episkopos*.[81] La Conferencia de Navidad lo reconoció cuando escogió el nombre de la nueva iglesia. Coke y Asbury argumentaron que el término "obispo" era más bíblico y, sin duda, encajaba en la intención de la iglesia. La *Disciplina* de 1787 introdujo el título de "obispo", y la Conferencia de 1792 cambió oficialmente de "superintendente" a "obispo" en el ritual de ordenación.[82]

3. La Conferencia eligió a otros predicadores para los cargos de diácono y presbítero, y fueron ordenados. Después de que Asbury fue ordenado, la Conferencia procedió a la elección de otras personas. Los números exactos no están disponibles, porque no existen actas oficiales, pero se eligieron y ordenaron a doce presbíteros y tres diáconos, y el resto permaneció como predicadores laicos. Los diáconos y los presbíteros pasaron a formar parte del ministerio itinerante de la nueva iglesia.

Uno de los presbíteros fue designado a Antigua, en el Caribe, dos a Nueva Escocia y el resto a los Estados Unidos.

La Conferencia de Navidad recibió el plan de Wesley y, con ligera modificación, lo implementó para el metodismo estadounidense. También recibió y estableció órdenes ministeriales para la Iglesia Metodista Episcopal. Necesitamos ahora considerar la naturaleza y la función de esas órdenes.

EL MINISTERIO EN EL METODISMO EPISCOPAL ESTADOUNIDENSE

La falta de claridad sistemática sobre la ordenación que observamos en John Wesley fue legada al metodismo estadounidense. El entendimiento de Wesley en cuanto al ministerio del metodismo funcionó mejor en el contexto anglicano donde podría jugar el papel de un movimiento de renovación. Pero las circunstancias hicieron imposible la continuación de esa función y el esfuerzo por pasar de una sociedad a una iglesia fue particularmente difícil en cuanto al ministerio y la ordenación. Consideremos primero las funciones de los obispos, presbíteros y diáconos. Estas funciones fueron explicadas por primera vez en *Form of Discipline for the Ministers, Preachers, and Other Members of the Methodist Episcopal Church in America* [Una forma de Disciplina para los ministros, predicadores y otros miembros de la Iglesia Metodista Episcopal en los Estados Unidos] adoptada por la Conferencia de Navidad y publicada en 1785.

La Conferencia organizó la *Disciplina* por medio de una serie de preguntas y respuestas que incluyeron la consideración de los tres cargos del ministerio. La pregunta 26 plantea: "¿Cuál es el cargo de un superintendente?" La respuesta se da de la siguiente manera:

Ordenar a los superintendentes, presbíteros y diáconos; presidir como moderador en nuestras Conferencias; determinar los nombramientos de los predicadores para los varios circuitos; y, en los intervalos de la Conferencia, cambiar, recibir o suspender a los predicadores, según lo requiera la necesidad; y recibir apelaciones de predicadores y personas, y resolverlas. Nótese bien, ninguna persona será ordenada superintendente, presbítero o diácono, sin el consentimiento de la mayoría de la Conferencia y el consentimiento e imposición de manos de un superintendente...[83]

Hay que destacar dos asuntos importantes acerca de esta primera descripción del episcopado metodista. Uno es que sólo el obispo puede ordenar. Esta es la clave de una inconsistencia que ha plagado el metodismo episcopal desde entonces. Por un lado, siguiendo el juicio de Wesley de que los presbíteros y los obispos eran de una misma orden, hemos persistido en afirmar que el metodismo episcopal tiene dos órdenes de ministerio ordenado, a saber, diáconos y presbíteros, pero tres cargos. Pero, desde el principio, hemos estructurado y tratado el episcopado como una tercera orden. El poder exclusivo para ordenar, junto con un cargo vitalicio, son evidencias del hecho de que al episcopado metodista le fueron delegados poderes únicos y, por lo tanto, fue tratado como una tercera orden. En segundo lugar, desde el principio, el obispo estaba facultado para nombrar al ministerio. Aquí el metodismo estadounidense era completamente coherente con el entendimiento de Wesley de que

95

el ministerio era nombrado. Estos dos aspectos del episcopado metodista han sido fundamentales para la iglesia desde su inicio en 1784, mientras que otros aspectos del cargo, por ejemplo, el poder de veto sobre la ordenación, han cambiado. La *Disciplina* más antigua estableció desde el principio una función para la Conferencia en el proceso de ordenación. La entrada en el ministerio metodista ordenado siempre ha requerido el consentimiento de la Conferencia, así como la imposición de manos por el obispo y la oración por el don del Espíritu Santo.

La pregunta 30 trata acerca del cargo de un presbítero; y la respuesta es:

Administrar los sacramentos del bautismo y la Cena del Señor, y realizar todos los demás ritos prescritos por nuestra liturgia.

La pregunta 31 trata acerca del cargo de un diácono:

Bautizar en ausencia de un presbítero, asistir al presbítero en la administración de la Cena del Señor, casar, enterrar a los muertos y leer la liturgia al pueblo según lo prescrito, excepto lo que se refiere a la administración de la Cena del Señor.[84]

Está claro que sólo los presbíteros deben celebrar la Santa Comunión, pero los diáconos deben dirigir los otros servicios de la iglesia y asistir al presbítero. Estas descripciones son esencialmente las mismas que las de la Iglesia de Inglaterra, arraigadas, por supuesto, en el cristianismo católico. Los metodistas estadounidenses adoptaron para sí mismos la comprensión del papel de los obispos, presbíteros y diáconos tal como se había conocido en Inglaterra. Sólo los obispos podían ordenar; la celebración de la Eucaristía estaba reservada para los presbíteros (u obispos, por supuesto), y los diáconos realizaban otros servicios de la iglesia, y asistían a los presbíteros. Esta descripción de órdenes ministeriales ordenadas ha permanecido básicamente uniforme en el metodismo. El entendimiento esencial y formal de lo que la ordenación autoriza a hacer es la misma hoy que en la Conferencia de Navidad. El metodismo episcopal estadounidense tomó del anglicanismo este aspecto de su eclesiología.

Los primeros metodistas estadounidenses coincidían con Wesley en su juicio de que la predicación no estaba relacionada con la ordenación. Significativamente, la descripción de los cargos de superintendente, presbítero y diácono no hacen ninguna referencia a la predicación. Esto no es de extrañar ya que el ímpetu para hacer ordenaciones para los Estados Unidos era sólo en lo que respecta a los ministerios sacramentales. Además, la ordenación no estaba relacionada con una congregación local, sino que estaba relacionada con la itinerancia. Como vimos en el capítulo II, una de las quejas de los reformadores continentales acerca del entendimiento católico romano de la ordenación, era que no dependía del servicio en una congregación local, sino que era una "ordenación absoluta" que daba facultades de ordenación al sacerdote individual aparte de la comunidad fiel. El enfoque metodista estaba más cerca de la visión católica en cuanto a que la ordenación no estaba ligada a una iglesia local. La ordenación no se hacía en una congregación local, sino en la Conferencia para simbolizar que el ministerio ordenado es enviado a las congregaciones y no depende de ellas. Este enfoque enfatizó el carácter conexional de la iglesia.

La ordenación metodista no era, sin embargo, la "ordenación absoluta" del catolicismo ya que estaba ligada al ministerio itinerante. Si bien la tradición reformada protestante relacionaba la ordenación con el servicio en una congregación local, la ordenación metodista dependía del servicio en el ministerio itinerante de la conexión. La Disciplina adoptada por la Conferencia de Navidad deja claro esto con respecto a los obispos:

> Pregunta 28. Si el superintendente deja de hacer itinerancia en general entre el pueblo, ¿ejercerá su cargo en algún grado? Respuesta. Si deja de hacer itinerancia sin el consentimiento de la Conferencia, no ejercerá en adelante ninguna función ministerial en nuestra Iglesia.

También lo deja en claro con respecto a los presbíteros y diáconos:

> Pregunta 35. ¿Cómo proceder con los presbíteros o diáconos que cesan de hacer itinerancia? Respuesta. A no ser que tengan el permiso de la Conferencia de-

clarado por un superintendente, bajo ningún concepto ejercerán ninguna de las funciones particulares de esos cargos entre nosotros. Y si lo hacen, deben ser expulsados inmediatamente.[85]

El metodismo estadounidense unió la convicción de Wesley de que el ministerio itinerante era esencial para el metodismo, con una estructura y descripción episcopal de las facultades de la ordenación.

El ministerio ordenado debía ser un ministerio itinerante con responsabilidad por el carácter conexional de la iglesia. Los obispos eran superintendentes generales con obligaciones por toda la conexión, no sólo una región en particular. Los presbíteros podían servir en un cargo en particular, pero su preocupación no era meramente local. Esto significaba, por cierto, que, desde el principio, los ministros ordenados eran designados para la obra conexional, así como para los cargos locales. El metodismo siempre ha designado a algunos presbíteros a lo que ahora llamamos "nombramientos especiales". Estos nombramientos eran consistentes con la ordenación y servían a las necesidades conexionales. El ministerio itinerante del metodismo episcopal hizo posible el despliegue del ministerio ordenado dondequiera, y para cualquier tarea, que fuera necesario.

El metodismo estadounidense combinó una serie de factores para producir su ministerio. Entre ellos se encontraban los predicadores laicos de la tradición wesleyana, el sistema de gobierno episcopal enviado por Wesley, un patrón de ordenación característico del anglicanismo y la idea de un ministerio itinerante y conexional. Esta combinación ha dado lugar a una serie de tensiones incorporadas.

Quizás la tensión más obvia sea la que existe entre el ministerio de la predicación y el ministerio de la administración sacramental. Entre los primeros metodistas la predicación era siempre primaria. Wesley dejó esto en claro al expresar su visión del lugar único del metodismo en el avivamiento del siglo dieciocho. Al mismo tiempo, el avivamiento incluyó la observancia sacramental y Wesley hizo hincapié en la necesidad de recibir regularmente la Santa Comunión por parte de los metodistas. La palabra y el sacramento iban juntos. El metodismo era famoso por sus predicadores laicos, pero hasta muy tarde en la vida de Wesley, el movimiento confió en ministros ordenados de la iglesia de Inglaterra para el ministerio esencial de los sacramentos. Una vez que Wesley ordenó a los ministros para los Estados Unidos, sin embargo, introdujo una tensión seria. La nueva iglesia tendría tanto predicadores laicos como predicadores ordenados y, prácticamente, las líneas a veces se desdibujarían.

En principio, la idea era sensata. El problema era la falta de clero ordenado para la administración sacramental. La solución fue ordenar a algunos y combinar la ordenación con la membresía en plena conexión en la conferencia. Esto introdujo otra distinción que resultó en tensión. El metodismo distinguía entre el ministerio local y el ministerio itinerante. El predicador local no era ordenado y no era parte de la itinerancia. El ministro ordenado era un miembro en pleno derecho de la conferencia y nombrado como parte del ministerio itinerante. La forma en que funcionó en los primeros días del metodismo estadounidense fue que el presbítero itinerante era designado para un territorio o circuito que cubría una gran área geográfica. El predicador local era autorizado para predicar y trabajar con el fin de hacer progresar el ministerio de la iglesia en una comunidad local específica. El presbítero itinerante predicaría, serviría como pastor y celebraría la Santa Comunión. Esta es una de las razones por las que los primeros metodistas se alejaron de la recomendación de Wesley sobre la celebración semanal de la Eucaristía. El presbítero itinerante no podía estar presente todas las semanas, de manera que servía la Comunión y bautizaba en cada lugar del circuito cuando predicaba. El obispo Asbury prefirió un estilo de adoración informal, centrado en la predicación, y el "plan de itinerancia" con su distinción entre los presbíteros ordenados y los predicadores locales no ordenados, era de su agrado.[86]

La relación entre los presbíteros itinerantes y los predicadores locales funcionó tanto en la teoría como en la práctica en los primeros días, pero surgieron problemas mientras el metodismo se volvía más localizado cuando las comunidades y las iglesias crecieron. Después de que el ministerio itinerante del metodismo se convirtió en un ministerio semi-establecido, los problemas inherentes al sistema comenzaron a crecer. Los predicadores locales continuaron sirviendo donde un presbítero no estaba disponible; pero la necesidad de predicadores locales disminuyó a medida que los presbíteros itinerantes se volvieron semi-establecidos. Utilizo el término semi-establecido porque, aunque la idea de la itinerancia estaba todavía muy viva, los presbíteros serían nombrados a un lugar por un año o dos y eventualmente por períodos más largos. Sin embargo, debido a que el metodismo no tenía una tradición de celebrar la comunión semanalmente, incluso después de que los presbíteros se establecieran y pudieran celebrar el sacramento en la congregación cada semana, ni ellos ni la gente pensaron que debían hacerlo. Al principio se practicaba la comunión trimestral por necesidad porque era la única vez que el presbítero itinerante estaba presente. Más tarde lo practicaron porque no conocían nada mejor y pensaban que así debía ser.

El semi-establecimiento de los presbíteros itinerantes y el cambio de circunstancias de los predicadores locales, junto con las celebraciones sacramentales poco frecuentes, tal vez trimestralmente, significó que la identidad única del presbítero itinerante estaba amenazada, si no perdida. Esa identidad única tenía que ver con la itinerancia, el ministerio sacramental y la membresía a la conferencia. Cuando el presbítero estaba semi-establecido y cuando los sacramentos no eran centrales, el ojo no educado no podía distinguir al predicador local del presbítero itinerante, excepto que uno era miembro en pleno derecho de la conferencia anual y el otro no. Pero esa distinción no significaba mucho, si es que algo, para los laicos.

Los predicadores locales servirían realmente a las congregaciones y los cuidarían con gran eficacia, de la misma manera que un presbítero itinerante. El término "predicador a cargo" se usó para referirse a la persona nombrada por el obispo para tener la responsabilidad pastoral de un "cargo", que podría ser un circuito, estación o misión. A principios del siglo diecinueve, la *Disciplina* comenzó a indicar que el "predicador a cargo" podría ser un presbítero, un diácono o un "predicador". Debido a que la Santa Comunión no era central para la vida de las congregaciones y debido a que el metodismo hizo la distinción entre el ministerio de predicación y el ministerio ordenado, la iglesia desarrolló un patrón en el cual muchas congregaciones locales eran servidas por predicadores no ordenados.

Entonces la presión aumentó, tanto por parte de las congregaciones locales, como por parte de los predicadores locales, para que los pastores locales sirvieran la Santa Comunión en sus cargos. Basándose en que estas personas estaban cumpliendo funciones específicas bajo la supervisión directa del Presbítero Presidente (lo que ahora llamamos Superintendente de Distrito), el metodismo permitió que el predicador local administrara los sacramentos sólo en ese cargo específico. Esto apareció formalmente por primera vez en *Las Doctrinas y Disciplina de la Iglesia Metodista Episcopal, Sur*, en 1926. Entre los deberes del predicador a cargo se encontraban: "Predicar el evangelio, celebrar el rito del matrimonio, ... en ausencia de un presbítero u obispo, administrar el bautismo y el sacramento de la Cena del Señor con el entendimiento de que ningún poder permanente de ordenación se confiere hasta que sea otorgado mediante la imposi-

103

ción de manos ..."[87] Esta descripción aparece en cada sucesiva *Disciplina de la Iglesia Episcopal Metodista, Sur* hasta la reunión de 1939.

La Iglesia Metodista Episcopal no permitió a los predicadores locales no-ordenados celebrar la Santa Comunión, pero sí permitió el Bautismo: "Los predicadores locales no ordenados, sirviendo solo como pastores de cargo regularmente nombrados, estarán autorizados para administrar el rito del Bautismo y cuando las leyes del Estado lo permitan, solemnizar el matrimonio ..."[88] En el momento de la fusión en 1939, el enfoque más indulgente prevaleció y la Iglesia Metodista permitió a los predicadores locales no ordenados administrar los sacramentos en sus propios cargos:

> Los Predicadores Locales no ordenados, sólo mientras se desempeñan como pastores de cargo regularmente nombrados, serán autorizados para administrar los Sacramentos del Bautismo y de la Cena del Señor ...[89]

Esta provisión permaneció en la *Disciplina* en básicamente esta forma desde la Conferencia Unificadora en 1939 hasta 1968, cuando La Iglesia Metodista y los Hermanos Evangélicos Unidos se unieron para convertirse en la Iglesia Metodista Unida. Aun así, había ambivalencia sobre la situación. Aquellos líderes de la iglesia que estaban preocupados por la historia y la teología del ministerio reconocieron la confusión y la inconsistencia.

Durante el cuadrienio 1960-64, la Iglesia Metodista nombró un Comité de Estudio sobre el Ministerio. En su informe se hacían amplias propuestas de cambio, incluyendo una prohibición contra ministros no ordenados que administraban los sacramentos.[90] El informe no fue aprobado. El hecho de que la Conferencia General no aceptara las recomendaciones de la Comisión es indicativo de la cautela que ha caracterizado la respuesta de la iglesia a todas las propuestas para cambiar el patrón tradicional de ministerio originalmente adoptado en 1784. Sin embargo, la disposición que permite a los predicadores locales administrar los sacramentos no solo no forma parte de la tradición, sino que la contradice. La fusión de 1968 de la Iglesia Metodista con los Hermanos Evangélicos Unidos fue la ocasión para rescindir el permiso de los pastores no ordenados para administrar los sacramentos.[91] Pero en 1976 la iglesia se retractó nuevamente debido a los problemas prácticos que resultaron en que muchos cargos fueran servidos por pastores locales.[92] Actualmente los pastores locales están autorizados a administrar los sacramentos "mientras estén asignados a un cargo particular".[93]

La confusa provisión que hizo el metodismo al permitir que pastores no ordenados administraran los sacramentos es, al mismo tiempo, inconsistente con Wesley y consistente con la apropiación de la tradición wesleyana que hizo el metodismo estadounidense. La inconsistencia es clara. Las ordenaciones extraordinarias de Wesley se hicieron precisamente para evitar administración [de los sacramentos] sin ordena-

ción. La consistencia está en que el metodismo estadounidense enfatizó la preocupación wesleyana por la
flexibilidad ante la necesidad práctica, así como ante la
necesidad de los ministerios sacramentales. Las congregaciones locales querían que sus propios pastores
celebraran los sacramentos.

Los problemas con la ordenación demuestran muy
bien que el metodismo episcopal estadounidense era
una "nueva creación", no simplemente el metodismo
de Wesley en América. El metodismo en los Estados
Unidos se convirtió en un movimiento grande y popular. Fijó estándares rigurosos para su ministerio ordenado y, no obstante, era también agresivamente
evangelístico y tenía que suplir de liderazgo a un número mayor de congregaciones, que los ministros ordenados en plena conexión con que contaba. La decisión de permitir que los predicadores locales administraran los sacramentos en sus cargos específicos fue
pragmática, pastoralmente sensible y misional; pero
también fue confusa y teológicamente equivocada.

Una alternativa habría sido romper la equiparación
de la ordenación con membresía plena en la conferencia anual, y el nombramiento garantizado, pero eso
nunca fue propuesto. La otra alternativa era negar que
los predicadores locales celebraran los sacramentos e
hicieran otras provisiones para los sacramentos, pero
cuando esto fue probado, los problemas prácticos para
una iglesia grande y popular eran formidables. En el
curso de su desarrollo, el metodismo estadounidense
cambió gradualmente su práctica con respecto a su entendimiento tradicional del ministerio ordenado y del

ministerio laico. El resultado fue confusión. Esta confusión, resultado de una eclesiología problemática, es la razón por la cual una teología vital de la ordenación ha estado ausente del metodismo estadounidense.

Comencé el primer capítulo de este libro haciendo la observación de que, en general, los metodistas no han prestado gran atención a la ordenación. Ahora vemos por qué esto es así; en el siglo veinte, la concepción metodista de larga data de que ninguna administración de los sacramentos era posible aparte de la ordenación, que era la única razón de Wesley para hacer ordenaciones para los Estados Unidos, fue cambiada para adaptarse a las nuevas condiciones. La integridad de la ordenación fue menoscabada porque los puntos finos de la teología no fueron determinantes para los metodistas estadounidenses. La iglesia no podía explicar con claridad el significado de la ordenación porque se había desviado de su propia tradición en la materia.

Tal vez sería más exacto decir que lo que sucedió fue que la teología y la práctica de la ordenación fueron desplazadas por otro aspecto de la tradición, a saber, la prioridad de la misión y, en particular, el aspecto de la misión que era la más alta prioridad del metodismo del siglo diecinueve: el evangelismo. El principal trabajo del predicador metodista estadounidense fue el evangelismo.[94] El principal fin de la predicación fue la conversión y la iglesia creció rápidamente. Los ministerios sacramentales, la pastoral, la enseñanza y la administración estaban subordinados al evangelismo. La ordenación parecía casi incidental. El hecho de que el ritual de ordenación apenas haya cambiado del servicio inicial enviado por Wesley hasta 1980, cuando la Conferencia General, sin reemplazar el original, aprobó un servicio alternativo, podría indicar que la ordenación no importaba mucho para la mayoría de los metodistas, a lo sumo indicar reverencia por el texto original de Wesley. La ordenación llegó a significar poco más que la autorización para el ministerio y la membresía a plena conexión en la conferencia anual. Sólo en los últimos años, por las razones que anoté en el capítulo uno, nos hemos visto obligados a mirar con nuevos ojos el significado de la ordenación.

DIVERSIDAD Y UNIDAD EN LA TRADICIÓN

Hasta aquí en este capítulo hemos examinado el metodismo episcopal, que era la tradición dominante en los Estados Unidos. Hay que mencionar, sin embargo, otras ramas de la tradición wesleyana que abordaron el ministerio y la ordenación de una manera diferente. En 1830 un grupo de disidentes del metodismo episcopal se separó para formar la Iglesia Metodista Protestante. En su Conferencia General organizativa eliminaron el episcopado y reemplazaron al obispo por un presidente de la conferencia anual. Aunque era democrático y populista, el protestantismo metodista no rechazó la ordenación, la cual permaneció vinculada a la membresía a la conferencia anual y a la administración de los sacramentos. Sin embargo, era una ordenación presbiteral en la que no se requería la imposición de manos episcopales. Cuando la Iglesia Metodista Protestante se fusionó con la Iglesia Metodista Episcopal y la Iglesia Metodista Episcopal del Sur, en 1939, para formar la Iglesia Metodista, el entendimiento y orden del ministerio que había informado al Metodismo Episcopal desde 1784 prevaleció en el nuevo metodismo unido.

La Iglesia de los Hermanos Evangélicos Unidos, que se fusionó con la Iglesia Metodista en 1968 para formar la Iglesia Metodista Unida, se remonta a la antigua Iglesia Evangélica y a la Iglesia de los Hermanos Unidos. Estos grupos se originaron bajo la dirección de Jacob Albright y Philip William Otterbein, respectivamente. Los Hermanos Evangélicos Unidos estaban estructurados y funcionaban como metodistas, pero en cuanto al ministerio, reconocían una orden que requería ordenación, a la que llamaban ancianos, aunque también tenían obispos. Sin embargo, los obispos de los H.E.U. eran diferentes de los obispos metodistas, en cuanto a que tenían períodos más bien que cargos vitalicios y, por lo tanto, el carácter funcional del cargo era más aparente. En el momento de la fusión en 1968, la Iglesia Metodista Unida adoptó la tradición histórica del metodismo episcopal, incluyendo los tres oficios de diácono, presbíteros y obispos. Se hicieron disposiciones para el retiro de los obispos activos, pero los obispos debían servir de por vida y serían llamados para el liderazgo con el fin de ejercer el cargo episcopal en tiempos de necesidad. El cargo episcopal y sus responsabilidades no terminan al retirarse del servicio activo.

LA CONTINUIDAD DE LA ORDENACIÓN

Hemos visto que la confusión acerca de la teología de la ordenación produjo tensiones en la comprensión del ministerio por parte del metodismo estadounidense. Además, nuestro estudio más amplio demuestra que la diversidad característica del metodismo también está presente en la comunidad cristiana más amplia. La historia de todas las tradiciones dentro del cristianismo manifiesta diversidad con respecto a la teología y la práctica de la ordenación. Hay, sin embargo, ciertos puntos de continuidad que pueden ser identificados como centrales para la consideración de la ordenación en el metodismo.

1. La ordenación es la forma en que el metodismo aparta a algunas personas para los ministerios sacramentales. A lo largo de su historia, el metodismo ha vinculado la ordenación y los ministerios sacramentales. La distinción de Wesley entre la autorización para la predicación y para los ministerios sacramentales fue trasladada al metodismo posterior. La convicción teológica de que no debe haber administración de los sacramentos sin ordenación llevó a Wesley a su decisión de actuar como un "episkopos escritural" en las ordenaciones "extraordinarias" para América. Incluso cuando el metodismo dio el paso de permitir que los predicadores no ordenados administraran los sacramentos sólo en el cargo al que fueron nombrados, se reconoció que era excepcional. El debate continuo demuestra que es problemático porque contradice la tradición wesleyana.

2. La ordenación incluye votos que hacen que los ordenandos rindan cuentas ante la iglesia. Estos votos comprometen al ordenando y, en esta medida, y de esta manera, el ordenando es una persona diferente como resultado de la ordenación. Mediante la imposición de manos y la oración por el recibimiento del don y la gracia del Espíritu Santo, la persona ordenada es "apartada" por y para la iglesia. A través de un complejo proceso que involucra el llamado de Dios y el llamado de la iglesia, la conferencia anual y el ordenando entran en pactos mutuos. La persona que es ordenada hace votos en los cuales toma libremente el yugo de la obediencia. Estas son las preguntas a las cuales cada persona ordenada debe responder libremente de manera afirmativa:

• ¿Estás persuadido de que las Sagradas Escrituras contienen toda la verdad que se requiere para la salvación eterna a través de la fe en Jesucristo? ¿Y estás resuelto a instruir a la grey encomendada a tu cargo según las mismas Sagradas Escrituras para que puedan entrar en la vida eterna?

• ¿Te dedicarás con diligencia a ministrar la doctrina de Cristo, los Sacramentos y la disciplina de la Iglesia y, en el espíritu Cristo, a defender la Iglesia contra toda doctrina contraria a la Palabra de Dios?

• ¿Serás diligente en la oración, en la lectura de las Sagradas Escrituras y en estudios que ayuden al conocimiento de Dios y de su reino?

• ¿Procurarás con toda tu diligencia enmarcar y modelar tu propia vida, y las vidas de tus familias según las enseñanzas de Cristo?

• ¿Mantendrás y promoverás, en cuanto dependa de ti, la tranquilidad, la paz y el amor entre todo el pueblo cristiano, y sobre todo entre los que fueren confiados a tu cargo?

• ¿Prestarás atención reverentemente a aquellos a quienes te han entregado el cargo, siguiendo de buena voluntad sus piadosas admoniciones?[95]

Los votos de ordenación son serios. Representan una entrega voluntaria del yo a Dios y a la iglesia de una manera muy específica. El metodismo nunca ha creído que la ordenación imparte un carácter permanente que otorga a la persona poderes únicos. Tampoco es cierto que el metodismo haya creído que la ordenación no produce ningún cambio en el ordenando. Hay un cambio. El cambio es el resultado del compromiso de la persona de subordinar el yo a las necesidades del ministerio total de la iglesia y el hecho de que uno está apartado para la responsabilidad única de ministrar al pueblo de Dios a través de la celebración sacramental.

La persona ordenada ha cedido oficialmente a la iglesia un papel en su propia definición. En parte, esto es lo que queremos decir cuando decimos que el ministerio ordenado hace que uno sea una "persona representativa". El ministro ordenado por definición está ligado a la iglesia y su ministerio.

3. Los metodistas entienden que la iglesia verdadera es conexional, no local, por lo tanto, la ordenación es una realidad conexional y no depende de ninguna

congregación específica. Debido a que se relaciona con el ministerio itinerante, la ordenación también confiere un rol de por vida en la iglesia que la persona lleva dondequiera que sirve en el ministerio. La ordenación no se limita a una conferencia anual específica, sino que es genuinamente conexional.

4. Los ministros ordenados en el metodismo son ministros itinerantes, que son nombrados y enviados. La itinerancia metodista varía en diferentes escenarios y tiempos, pero la idea teológica es que el ministerio no es local. Los ministros ordenados son enviados a congregaciones, no son llamados por estas. El pastor no depende de las costumbres o prejuicios locales, sino que es liberado para la plenitud del ministerio en un lugar específico. La iglesia total está segura de que el ministerio ordenado puede ser colocado según las necesidades particulares en el contexto de la totalidad.

El metodismo estadounidense siempre ha luchado con la tensión entre ser principalmente una sociedad evangélica que busca conversos al evangelio de Jesucristo y una iglesia establecida para servir a las necesidades pastorales de los creyentes cristianos. Buscando ser fieles a Wesley, los metodistas querían tener ambas cosas. Las convicciones teológicas acerca del evangelismo y la reforma personal y social, estaban ligadas a las convicciones acerca de las obligaciones del metodismo de nutrir a su pueblo y ayudar al desarrollo de la nación. El deseo de responder a las urgentes necesidades misionales militó contra la exactitud en la teología y el sistema de gobierno, pero a partir de 1784, el metodismo también estaba destinado a desempeñar el papel sociológico de una iglesia para la nueva nación. Este papel requería los rasgos de una iglesia, incluyendo un ministerio ordenado que cumplía con toda la gama de responsabilidades pastorales. La ordenación es un buen estudio de caso porque ilustra estas tensiones y nos recuerda que, para el metodismo, la iglesia de Jesucristo siempre existe como comunidad dinámica entre la continuidad, mediada en la Escritura y la tradición, y la realidad de la actividad presente de Dios, mediada en la experiencia del Espíritu Santo.

Capítulo V
EL SIGNIFICADO DE LA ORDENACIÓN

No descuides el don que hay en ti, que
te fue dado mediante profecía con la
imposición de las manos del presbiterio.
-1 Timoteo 4:14

Comenzamos este estudio de la ordenación en el metodismo ocupándonos del ministerio de todo el pueblo de Dios. Hemos visto que todos los cristianos son llamados al ministerio y que el bautismo, como sacramento de iniciación en la iglesia, es también una designación para el ministerio. Sin embargo, la iglesia siempre ha apartado a algunas personas para las tareas del ministerio ordenado y hemos seguido la manera en que la ordenación se desarrolló en el cristianismo, y específicamente en el metodismo. No existe un patrón de ministerio en el cristianismo ecuménico y dentro del metodismo hay diversidad, aunque ciertas continuidades orientan todas las consideraciones de ordenación en la tradición wesleyana. En este capítulo examinaremos sistemáticamente las cuestiones teológicas que deben abordarse si se quiere entender el significado de la ordenación.

LA VOCACIÓN AL MINISTERIO ORDENADO

Usualmente, la entrada al ministerio ordenado comienza con la percepción de un llamado de Dios al yo

interno de una persona. La naturaleza exacta del llamado interno de Dios no puede ser fácilmente articulada. Viene de diferentes maneras a diferentes personas. Para algunos puede ser gradual y discreto; para
otros puede ocurrir en un momento específico y ser
dramático.

El reconocimiento del llamado interno es una parte esencial de la vocación para el ministerio ordenado.
Esto, como hemos visto, fue una de las fuertes convicciones de John Wesley. Lo llamó "el llamado interno". Si uno no está convencido a través de la experiencia interna del llamado de Dios, entonces los recursos espirituales no estarán presentes para un ministerio efectivo. La obra del Espíritu Santo en llevar a
las personas a la ordenación no es caprichosa y el llamado interno es compatible con los dones y las evidencias de la gracia de Dios para el ministerio en la
iglesia.

No basta con percibir la realidad del llamado interno. A veces las personas pueden percibir erróneamente la naturaleza de la experiencia interna. La consideración del ministerio ordenado es compleja porque hay un segundo componente necesario. Este es el
llamado de Dios que viene de y a través de la iglesia.
Wesley llamó a esto el "llamado externo". Algunas
personas son reconocidas por la iglesia como poseedoras de las habilidades necesarias para la efectividad
en el ministerio ordenado. A menos que uno sea reconocido como teniendo estos dones, no podrá funcionar en el servicio a la iglesia y al mundo como ministro ordenado.

Los dos aspectos del llamado al ministerio ordenado, el "llamado interno" y el "llamado externo", no siempre o necesariamente ocurren en un orden particular. La iglesia puede reconocer un llamado en nosotros que nosotros no reconocemos. El "llamado de la iglesia" puede preceder al "llamado interno". Hablé con un pastor no hace mucho tiempo que me dijo que él no estaría en el ministerio ordenado a no ser por una mujer en la iglesia local donde él previamente había sido un miembro laico. Ella lo confrontó con su observación de que Dios podría estar llamándolo a la ordenación. El pensamiento y la oración que siguieron le permitieron reconocer y afirmar su llamado.

Esta es la base teológica para hablar con hombres y mujeres acerca del ministerio ordenado. No se trata de hacer reclutamiento, como si el ministerio fuera una opción de carrera entre otras, sino que estamos animando a los cristianos serios a estar abiertos a la posibilidad de que puedan ser llamados. El liderazgo del pueblo de Dios no es algo individual; uno no puede ser un "practicante solitario". La comunidad cristiana puede reconocer los dones y las evidencias de la gracia de Dios en una persona para el ministerio ordenado aun cuando la persona no los reconozca. Dios obra a través de la iglesia para proveer ministerio para la iglesia y para el mundo.

Algunos pastores y congregaciones son particularmente efectivos en reconocer y alentar los dones y las evidencias de la gracia de Dios para el ministerio ordenado. Hay ciertos pastores que hacen un esfuerzo especial para cultivar a las personas y darles seguimiento a través del seminario hasta el liderazgo de la iglesia. Hay algunas congregaciones que nutren a las personas de tal manera que son capaces de reconocer la vocación a la ordenación. Tal vez la clave de esta obra vital sea la convicción de que una de las principales obligaciones de la comunidad cristiana es el desarrollo del liderazgo, por la gracia de Dios, para el futuro.

EL PAPEL DE LA IGLESIA

Como lo demuestra nuestro estudio histórico, la ordenación ha sido siempre un acto de la iglesia, así como el acto de Dios en la iglesia. Esto significa que la iglesia establece los requisitos y un proceso mediante el cual se puede hacer una valoración sobre los candidatos individuales. El papel de la iglesia tiene que ver con el "llamado externo". Uno puede pensar que la persona tiene dones y evidencias de la gracia de Dios para el ministerio, pero la valoración individual es sólo un aspecto del proceso total de preparación para la ordenación. La iglesia debe evaluar, juzgar y confirmar la convicción de la persona. En este libro hemos visto que la ordenación no es un "derecho". El hecho de que ninguna persona tiene el "derecho" de ser ordenado no puede ser exagerado. La cuestión no es si una persona quiere ser pastor o no, sino si la comunidad quiere o no que una persona sea ordenada. Los "dones, evidencias de la gracia de Dios y promesas de utilidad futura" de una persona deben ser "observables para la comunidad".⁹⁶ El ministerio ordenado de la iglesia es apartado según el juicio de la comunidad sobre la idoneidad de un candidato.

El proceso comienza con lo que el Metodismo Unido llama "candidatura". A través del uso de materiales escritos proporcionados por la iglesia y la consulta con un pastor, hombres y mujeres que piensan que pueden ser llamados exploran el significado de la ordenación, las implicaciones del ministerio de siervo y los requisitos de la iglesia para la membresía en la conferencia anual. El proceso continúa en la congregación local. Es aquí donde las personas son más conocidas por su fidelidad y habilidades. A veces las iglesias locales son demasiado irreflexivas sobre su papel en el proceso. Debido a que no han sido entrenados para pensar sobre la naturaleza de la vocación, los laicos a menudo se desconciertan por la afirmación de un candidato de tener un "llamado a predicar". Todos los cristianos deben pensar en la dinámica de la vocación al ministerio ordenado porque es tarea de la congregación local evaluar críticamente a los candidatos que se presentan. En el metodismo, ninguna persona puede avanzar al comité de distrito o a la Junta de Ministerio de la Conferencia anual sin el endoso de la iglesia local. Esto sucede a través de una reunión de la Conferencia de Cargo. Estos endosos nunca deben ser *pro forma*. Los comités laicos tienen la responsabilidad de hacer un examen serio del candidato y de prestar atención cuidadosa a las capacidades naturales y adquiridas del candidato. Todo esto debe hacerse en el contexto de la oración buscando la guía del Espíritu Santo.

Sin embargo, el endoso de la congregación local no es suficiente porque la ordenación no es una realidad local. La ordenación se hace para toda la iglesia y, por lo tanto, las deliberaciones por parte de la iglesia más amplia son necesarias. Una de las responsabilidades más solemnes de la iglesia es ordenar su vida para juzgar la idoneidad de las personas que son candidatos para el ministerio ordenado. El Metodismo Unido tiene comités de distrito y juntas de conferencias anuales que trabajan con los candidatos. La junta de la conferencia anual hace una recomendación a la sesión ejecutiva del clero en la conferencia anual. Sólo los presbíteros ordenados votan para admitir a los candidatos a la membresía en pleno en la conferencia anual y a la orden de presbítero. Esto ocurre en una sesión ejecutiva de los miembros en plena conexión. La Conferencia de Navidad de 1784 estableció que ninguna persona podría ser ordenada sin el consentimiento de la conferencia. Originalmente los obispos tenían un poder de veto, pero en el metodismo posterior este poder fue removido de la Disciplina. Actualmente la conferencia anual aprueba los candidatos y el obispo los ordena.

La razón por la que sólo los presbíteros ordenados votan en cuanto a la ordenación, no tiene que ver con el privilegio profesional, sino con la disciplina y la obligación. La ordenación tiene que ver con la responsabilidad y la rendición de cuentas por la unidad del cristianismo con respecto a asuntos esenciales de fe y orden. Las personas ordenadas son apartadas para asegurar la continuidad con la fe apostólica. El yugo de la obediencia incluye el compromiso de asegurar la fidelidad al Evangelio en todos sus aspectos a través de la enseñanza y el ejemplo. Esto requiere la disciplina, el conocimiento y el compromiso que la iglesia exige de su clero. Los ministros ordenados están ligados entre sí y a la conferencia, en pacto mutuo. Este pacto incluye expectativas sobre el carácter moral porque la forma en que uno vive comunica el evangelio. La aprobación de los candidatos para la ordenación es una forma en que la iglesia se preocupa por la continuidad en la plenitud de las enseñanzas esenciales del evangelio cristiano. Los clérigos ordenados son sucesores de los apóstoles en tanto que son responsables de mantener y propagar la fe apostólica. Los vínculos de la obligación del pacto requieren que sólo aquellos que están en esta relación voten sobre la ordenación.

REQUISITOS PARA LA ORDENACIÓN

La idea de que la iglesia establece los requisitos para sus funcionarios representativos obviamente no es nueva. Dentro de los libros canónicos del Nuevo Testamento vemos evidencia de que incluso en el primer siglo, se establecieron las condiciones para los obispos, diáconos y presbíteros.[97] La ordenación pertenece a la iglesia y, por lo tanto, la iglesia establece expectativas. Estas expectativas pueden tomar muchas formas, pero el punto es que la iglesia establece los estándares por los que los candidatos a la ordenación son juzgados. Algunos de estos estándares son tan antiguos como la iglesia misma, algunos varían en cuanto al tiempo y al lugar. Los estándares y requisitos para la ordenación evidencian tanto continuidad como también cambio.

La iglesia primitiva estableció estándares relativos a la madurez, la experiencia en la fe, el conocimiento, el carácter, la capacidad de servir como ejemplo y las habilidades naturales para liderar. A las personas demasiado jóvenes en años, o jóvenes en la fe, les estaba prohibido la ordenación hasta que alcanzaran la madurez, evidenciada ante la comunidad. El carácter de los candidatos era esencial porque el clero servía de ejemplo a la iglesia y al mundo. Como líderes debían ser confiables para decir y hacer lo "correcto", en términos cristianos, incluso bajo la presión de la persecución. El conocimiento de la fe era esencial porque el clero eran los maestros de la iglesia que ayudaban a la comunidad a vivir de tal manera que su vida común se convirtiera en proclamación del evangelio. Las habilidades de liderazgo incluían los dones naturales y desarrollados para el discurso articulado, la lectura pública efectiva, la presencia digna en la mesa del Señor, el servicio como guía espiritual y el aprendizaje del material bíblico, histórico y teológico esencial para el ministerio. Estos requisitos han permanecido constantes en alguna forma la mayoría del tiempo y en la mayoría de lugares en la vida de la iglesia.

Hay otros estándares que han variado en la historia de la iglesia según la interpretación en contextos y tiempos específicos de la vida de la iglesia. El celibato es un ejemplo de un estándar que no es absoluto. Las escrituras son claras en que el celibato no fue estipulado para el liderazgo en la iglesia primitiva. El catolicismo romano desarrolló una tradición de celibato para todo el clero ordenado. La ortodoxia oriental permite el matrimonio si se inicia antes de la ordenación como presbítero, pero distingue aún más entre los sacerdotes y los obispos. Los obispos deben ser célibes. El protestantismo ha aprobado en gran medida el matrimonio para el clero, y a veces lo hizo casi obligatorio. Wesley, aunque se casó tarde en la vida, demostró un estilo de ministerio más adecuado para el celibato, y el obispo Asbury, que nunca se casó, era explícito en su gran preferencia de que los predicadores metodistas permanecieran célibes. El cristianismo ecuménico se ocupa del matrimonio clerical de diversas maneras.

Durante generaciones la iglesia no ordenó a las mujeres. Los cristianos interpretaban las Escrituras de tal manera que excluían a las mujeres del liderazgo ordenado, aunque cada vez más los académicos llegaron a admitir que la prohibición era más tradicional que escritural. Las iglesias en la tradición católica continúan esta prohibición, al igual que la mayoría de protestantes fundamentalistas. Muchas iglesias protestantes juzgan que Dios y la iglesia llaman a las mujeres al ministerio ordenado. La Iglesia Metodista ordenó por primera vez a las mujeres en 1956 cuando se incluyó la siguiente oración en la Disciplina: "Tanto los hombres como las mujeres están incluidos en todas las provisiones de la Disciplina que se refieren al ministerio".[98] Desde 1956 el metodismo ha incorporado a las mujeres en todos los aspectos de la Disciplina y ha demostrado cómo el cambio de mentalidad sobre los requisitos puede manifestarse en la práctica.

A veces la iglesia se desvía de un estándar por razones teológicas. Un ejemplo de esto es que en 1984 la Iglesia de Escocia se enfrentó con un candidato para el ministerio ordenado que había matado a su madre. Tradicionalmente, la culpabilidad del homicidio ha sido un impedimento universal para la ordenación como ministro cristiano. El candidato había pasado a través de una amplia formación, asesoramiento y el proceso completo de la candidatura, incluyendo una pasantía en una iglesia local. Afirmando el poder del perdón de Dios y la obligación de la comunidad cristiana de ofrecer perdón a un pecador arrepentido, la Asamblea votó que era elegible para el Orden Sagrado.

En algunas iglesias cristianas de hoy, incluyendo el Metodismo Unido, la cuestión de la orientación sexual ha surgido en relación con los estándares para la ordenación. En particular, esto se refiere a la ordenación de las personas homosexuales autoproclamadas. La discusión de la iglesia sobre la sexualidad humana, sin embargo, no debería estar en primer lugar en el contexto de la ordenación, sino en la cuestión más amplia de la expresión cristiana responsable de la sexualidad humana. Este estudio ha demostrado que existe una relación entre los requisitos para la ordenación y la manera en que la persona ordenada vive como "figura representativa". En este caso, la cuestión no es la identidad sexual de una persona, sino la forma en que uno ejerce el don de Dios de la sexualidad humana. El ejercicio irresponsable de la sexualidad humana obviamente no se limita a los homosexuales. Es probable que el Metodismo Unido tenga hoy mayores problemas con el clero heterosexual irresponsable que con la homosexualidad. Este libro no puede intentar un examen sistemático del tema para ofrecer una respuesta cristiana a la sexualidad humana. Sin embargo, debido a la temática que la ordenación y la homosexualidad han hecho surgir, algunas observaciones deben hacerse.

La investigación contemporánea sobre la homosexualidad ha cuestionado la noción tradicional de que la homosexualidad es una cuestión de elección. El análisis biológico y psicológico sugiere que algunas personas pueden ser genéticamente formadas como personas sexuales que son atraídas por el mismo sexo. La mayoría de las personas parecen encontrar su identidad sexual como un hecho dado. Sin embargo, la investigación muestra que el asunto es muy complejo, porque hay algunas personas cuya respuesta aprendida puede ser significativa. También parece ser que hay grados de homosexualidad. La respuesta sexual humana es enormemente compleja y no se pueden encontrar respuestas sencillas. No le compete a la iglesia hacer pronunciamientos sobre la homosexualidad sobre la base de ideas simplistas de que la preferencia sexual es meramente una cuestión de elección individual y, por tanto, del libre albedrío de una persona. Esto no significa, sin embargo, que la iglesia debe por lo tanto apoyar la práctica de la homosexualidad. Si uno es heterosexual u homosexual, uno tiene la obligación y la libertad de actuar responsablemente de acuerdo con la enseñanza cristiana. La iglesia necesita aprender lo más posible sobre la homosexualidad y, a la luz de investigaciones y estudios adicionales, debe revisar constantemente sus enseñanzas para proporcionar pautas apropiadas y sensibles. Es esencial que la enseñanza de la iglesia rinda cuentas a las normas de la escritura y la tradición, mientras que utiliza la razón para ocuparse de la experiencia de la realidad contemporánea.[99]

En lo que se refiere a la ordenación, la pregunta es si el candidato cumplirá y enseñará lo que la iglesia determina que es su entendimiento de la práctica responsable de la sexualidad humana. Esto aleja la discusión de los asuntos de identidad sexual, para ir a la cuestión apropiada de cómo uno vive responsablemente como persona representativa para y de la comunidad de Jesucristo. Esto es aplicable a todos los candidatos que buscan servir a la iglesia. Nuestro interés por la expresión responsable de la sexualidad humana no debe limitarse a consideraciones de homosexualidad.

Se ha entendido en el pasado, al igual que sucede actualmente por parte de la inmensa mayoría de iglesias cristianas, que la Sagrada Escritura y la tradición de la iglesia ofrecen dos formas alternativas por las cuales los creyentes están autorizados a expresar la sexualidad humana: el celibato y el matrimonio heterosexual. A veces los cristianos se desvían de estas pautas, pero esta enseñanza representa la tradición dominante dentro del cristianismo. Esta es la posición del Metodismo Unido,

que expresa las opciones como "fidelidad en el matrimonio y celibato en la soltería".[100] Como esto se aplica
a la ordenación, la cuestión es la voluntad que tenga la
persona de enseñar y ejemplificar la enseñanza de la
iglesia. El tema no es la ordenación de las personas
homosexuales, sino la responsabilidad de todas las personas ordenadas, como "ministros representativos", de
acatar las enseñanzas de la iglesia. Las personas ordenadas toman sobre sí el yugo de la obediencia.

El papel de la iglesia en la ordenación es establecer
los requisitos, nutrir candidatos, juzgar la aceptabili-
dad de los candidatos a la luz de los requisitos establecidos y ordenar los aprobados. La iglesia autoriza a
algunas personas a realizar estas tareas en su nombre.
En el Metodismo Unido, la Conferencia General establece los estándares para toda la denominación y las
conferencias anuales pueden agregar otros. Luego las
iglesias locales, los comités de distrito, los consejos de
conferencias anuales y el clero de la conferencia deben tomar decisiones sobre la aplicación de tales estándares en relación con personas específicas. Las
personas autorizadas oran por la guía del Espíritu
Santo y luego deciden. Pueden cometer errores -la
iglesia es tan humana como divina-, pero hay que tomar decisiones sobre los candidatos a la ordenación.

LA NATURALEZA DE LA ORDENACIÓN

La ordenación es el acto de Dios en la iglesia. En la
imposición de las manos con oración, el don del Espí-

ritu Santo aparta al ordenando para el servicio de liderazgo en la comunidad de fe. La acreditación y la autorización se hacen de otra manera; la ordenación es una realidad teológica en la cual la iglesia afirma su confianza de que Dios dará al ordenando la gracia para los ministerios específicos de Palabra, sacramento y orden. Aunque los Metodistas Unidos no reconocen la ordenación como un sacramento, es correcto reconocer sus cualidades sacramentales. Desde su inicio en 1784, el metodismo episcopal estadounidense ha ordenado en la conferencia para enfatizar que la ordenación se hace para toda la iglesia y que incluye el compromiso con la itinerancia y el nombramiento. Por la gracia de Dios, la comunidad levanta su ministerio, pero los ordenados también ejercen autoridad sobre la comunidad. La membresía del presbítero en la conferencia anual en vez de en la iglesia local, es una afirmación teológica de que para los metodistas la autoridad del pastor nombrado no se deriva de la congregación local.

Debido a que la ordenación es el acto de Dios en la iglesia, como el bautismo, debe hacerse una vez y nunca repetirse. Esto se debe a que la autenticidad de la iglesia y su ministerio se deriva y es atestiguada por el Espíritu Santo. El metodismo nunca ha creído que haya un solo patrón verdadero de orden eclesiástico, aunque haya una sola iglesia verdadera, santa y apostólica. Por lo tanto, la validez de la ordenación tiene que ver con la validez de la iglesia, que puede manifestarse de muchas maneras, pero siempre es atestiguada por la predicación fiel, la administración de los sacramentos y la vida santa. Los estándares y los requisitos para la membresía en pleno en una conferencia anual deben ser aplicados rigurosamente a las personas que vienen de otras denominaciones cristianas, pero las personas que tienen órdenes ministeriales en otras iglesias no deben ser ordenados de nuevo, así como tampoco los ministros metodistas que se unen a otra iglesia deben ser reordenados. La autenticidad de las órdenes ministeriales es, por desgracia, uno de los temas más divisivos en el cristianismo. La cuestión teológica en juego concierne a la naturaleza de la iglesia y a la manera en que Dios obra en el mundo. Los metodistas, siguiendo a Wesley, confían en la gracia de Dios para dar forma a la iglesia y piensan, por lo tanto, que las discusiones de la "validez" de las órdenes ministeriales son menos útiles que las consideraciones de la manera en que la comunidad cristiana reconoce y autentica la continuidad de la fe apostólica, a través de su testimonio evangélico, vida santa y celo reformador.

La ordenación nos marca de por vida. Esta marca no es un cambio de carácter indeleble para toda la vida, sino que es una realidad permanentemente significativa. La iglesia percibe a la persona ordenada como diferente y también lo hace el mundo. A veces esta marca es reconocida y expresada de formas sencillas como el esfuerzo de "limpiar el vocabulario en presencia del predicador", o la percepción de que incluso si uno entra en otra vocación y deja de servir a la iglesia como pastor, uno es "diferente" por haber sido una vez ministro. Un conocido que dejó el ministerio y ahora no quiere absolutamente ninguna identidad clerical, me comentó enojado que la imagen a pesar de todo "lo persigue" donde quiera que vaya. Estos ejemplos sugieren que la identidad ministerial es diferente a la de otras vocaciones. La razón de esto es que la idea de la ordenación es "apartar". Correctamente entendida, la ordenación implica el compromiso de renunciar libremente a sí mismo para convertirse en un siervo de la iglesia. Esta realidad de autorenunciamiento de la ordenación incluye el asunto de la identidad. La identidad de los ordenados está permanentemente ligada con la identidad de la iglesia. Los ordenados son moldeados por la iglesia, así como ellos moldean la iglesia.

En los últimos años ha habido un debate en el metodismo sobre los tres oficios ministeriales. Las propuestas han llegado a la Conferencia General para tener una sola orden de ministerio y dos oficios: presbíteros y obispos. En este esquema el diaconado ya no sería un "trampolín" para la orden de presbítero, con un período de prueba intermedio, sino que se convertiría en un oficio por derecho propio. Las discusiones sobre el diaconado permanente no se limitan al metodismo. Los católicos romanos y anglicanos también se dedican a la exploración hacia una mayor claridad teológica.

Este estudio ha demostrado que la tradición wesleyana incluye iglesias con varias formas de ordenar al ministerio. El metodismo episcopal nunca ha insistido en que su estructura fuera exclusivamente correcta. Sin embargo, desde 1784, el metodismo episcopal no se ha desviado de sus órdenes heredadas y se debe ejercer prudencia en un asunto tan importante. El cambio no es teológicamente erróneo, pero el rechazo a la tradición del metodismo episcopal merece un cuidadoso examen de nuestra historia, la teología y las relaciones ecuménicas. Hay constantes teológicas para el ministerio auténtico en la tradición wesleyana. Estas incluyen conexión, itinerancia y nombramiento. En el establecimiento del metodismo episcopal estadounidense en 1784, los diáconos pasaron a formar parte del ministerio itinerante y fueron nombrados por el obispo, al igual que los presbíteros. La desviación de estos principios se apartaría del entendimiento wesleyano del ministerio. Además, el metodismo no se ocupa de la teología del ministerio y de la ordenación en un vacío. Otras tradiciones también están tratando de comprender sus raíces teológicas y de ordenar el ministerio para el tiempo presente. La reflexión metodista necesita tener lugar en un contexto ecuménico.

En este capítulo hemos considerado la vocación al ministerio ordenado, los requisitos y las normas, el papel de la iglesia y la naturaleza de la ordenación. La idea central en todo ha sido que la ordenación implica el abandono del yo a Dios y a la Iglesia de Jesucristo. Los hombres y mujeres ordenados están marcados como personas cuyas vidas son definidas por el servicio y cuyo compromiso con Dios y el mundo de Dios tiene precedencia sobre el interés propio. Debido a que las personas ordenadas son humanas, el pecado abunda y el ideal nunca se realiza plenamente; pero el ministerio auténtico exige que la intención siempre sea genuina. "Ya no somos nuestros, sino tuyos".

Capítulo VI
EL CARÁCTER REPRESENTATIVO
DE LOS MINISTERIOS ORDENADOS

Cuiden ustedes a las ovejas de Dios
que están a su cargo. No lo hagan
porque es su obligación ni por ambi-
ción de dinero, sino porque tienen el
deseo de servir, como Dios quiere. No
traten a los que están bajo su cuidado
como si ustedes fueran dueños de ellos,
sino sírvanles de ejemplo.

-1 Pedro 5:14

Uno de los principales problemas que enfrenta el ministerio ordenado es el de la identidad. El pastor tiene que lidiar constantemente con la manera en que se entiende a sí mismo, ya que los laicos, otros clérigos, la iglesia y la sociedad imponen concepciones sobre la naturaleza y el propósito del papel ministerial. La identidad es compleja porque la ordenación implica la voluntad de asumir sobre sí la carga de permitir que la iglesia participe en la definición del yo. Una vez que la ordenación ha tenido lugar, uno es responsable ante la iglesia en todas las cosas; la ordenación lo convierte a uno en una figura representativa.

En palabras de Peter Taylor Forsyth, el ministerio ordenado "es sacramental para la iglesia, ya que la iglesia misma es sacramental para el mundo".[101] Las personas ordenadas son representantes de Cristo. La iglesia reconoce varios aspectos del ministerio de

Cristo como roles que se combinan en el ministerio ordenado. Estos incluyen las funciones de profeta, sacerdote y rey. El servicio de la mujer o el hombre ordenado incorpora cada uno de estos roles a través de los ministerios de Palabra, sacramento y orden.

El papel profético incluye enseñar y predicar la Palabra de Dios y ayudar a la comunidad fiel a vivir según el Evangelio, aplicándolo a la vida personal y corporativa en el mundo. El papel profético desafía a la iglesia a dar cuenta de su vida a la luz del evangelio de Jesucristo. Asistida por el liderazgo de los ordenados, la iglesia misma puede desempeñar un papel profético en la comunidad más amplia. Esto lo hace viviendo como comunidad profética que testifica de la verdad de Jesucristo en misión al mundo.

El papel sacerdotal encarna el ministerio de conexión entre Dios y la humanidad. Al hacerse humano en Jesús, Dios aceptó toda nuestra fragilidad humana y pecado, y así nos liberó de la culpa eterna, la separación y la muerte. Recibimos los dones de Dios, principalmente el don de Cristo por medio del Espíritu Santo, y le damos nuestra gratitud y alabanza a Dios en la totalidad de nuestra vida. Este es el proceso dinámico de justificación y santificación. Respondiendo por medio de la fe al don de Dios, buscamos vivir a la luz de Cristo y la iglesia a su vez se convierte en un pueblo sacerdotal como comunidad del pueblo de Dios en el mundo. Esta realidad está encarnada en la vida sacramental de la iglesia, en la cual la verdad y la realidad del evangelio se expresan en su plenitud. A través del liderazgo en los ministerios sacramentales esenciales de Dios, el ministro ordenado ejemplifica el papel sacerdotal.

El papel "real" de Cristo nos recuerda que la iglesia es de Dios y que, por lo tanto, debe ser conformada de acuerdo a la voluntad de Dios. El papel real de gobernador o rector, ejemplifica el hecho de que el ministerio ordenado es enviado a la iglesia para ordenar su vida. Hay un sentido en el cual la persona ordenada está "en contraposición" de la comunidad como su "ordenador" en nombre de Dios. La autoridad para enseñar y guiar a la comunidad fiel deriva del papel real de Cristo. El papel pastoral incluye cada uno de los tres aspectos del oficio ministerial: profético, sacerdotal y real; así como quien busca, por la gracia de Dios, encarnar y llevar a cabo estas múltiples tareas está en el ministerio.

La integralidad del ministerio cristiano se deriva del hecho de que estos diversos papeles están unidos y fundamentados en la condición de ser siervos, de la cual Cristo es el principal ejemplo. La característica normativa de todo ministerio cristiano ordenado es servir. Aquel en cuyo nombre se hace el ministerio cristiano no buscó ser exaltado, sino que se vació y dio su vida por los demás. Un ministro ordenado es una figura representativa que encarna la condición de ser siervo.

Una figura representativa es aquella en la que el yo como yo se convierte en secundario. Recuerdo una época en que fui llamado a la casa de un feligrés que había muerto. Un médico, hijo y hermano de clérigos, estaba en mi estudio cuando llegó la llamada. "Recuerda", dijo, "no te quieren como amigo, sino como pastor". Su comentario era cierto y profundo. Lo que era importante para ellos era que yo representaba el evangelio de Jesucristo y la comunidad de la iglesia.[102] Entre las lecciones que el clero debe aprender es que son personas representantes de Dios y de la iglesia de Dios. Son figuras "oficialmente representativas" porque esa es la naturaleza del "oficio" al que han sido llamados por Dios y la iglesia.

LIDERAZGO SERVIDOR

Jesús "no vino para ser servido, sino para servir y dar su vida como rescate por muchos" (Marcos 10:45). El liderazgo de la iglesia debe ser un liderazgo servidor. El liderazgo no existe para sí mismo, sino para posibilitar la misión de la comunidad cristiana. La estola usada por los presbíteros ordenados es un símbolo litúrgico de la toalla que Jesús usaba para lavar los pies de los discípulos en su última cena juntos. Jesús dijo: "Porque ejemplo os he dado para que, como yo os he hecho, vosotros también hagáis. De cierto, de cierto os digo: el siervo no es mayor que su señor, ni el enviado es mayor que el que lo envió" (Juan 13:15-16).

La idea de liderazgo servidor ha sido desarrollada con sensibilidad por Robert Greenleaf, como resultado de su amplia experiencia en instituciones con y sin fines de lucro.[103] El trabajo de Greenleaf muestra que el liderazgo servidor funciona en una variedad de contextos, pero es fundamental para la iglesia. La clave de la idea es que el líder debe permitir que la misión de la comunidad sea superior. El liderazgo efectivo funciona cuando aquellos que son dirigidos perciben que el líder no está promoviendo sus propias ideas o intereses, sino los de la comunidad. En el caso de la iglesia, esto significa los mandamientos del evangelio.

El liderazgo servidor no subestima la necesidad esencial de liderazgo. Warren Bennis, un observador reflexivo de las instituciones y el liderazgo, dice que las organizaciones estadounidenses están "sobre-administradas y sub-lideradas".[104] Creo que esto es cierto para la iglesia. Las últimas décadas han puesto de manifiesto un enfoque de liderazgo que enfatiza la gestión. Nuestras comunidades eclesiásticas se han convertido en instituciones complejas que pueden absorber enormes cantidades de tiempo y energía para mantener las operaciones en marcha. El liderazgo requiere la habilidad y la voluntad de retroceder y pensar sobre las razones por las cuales existimos y los propósitos que se supone que estamos sirviendo. La iglesia clama por un liderazgo perspicaz en las comunidades locales que luchan por ser fieles, creativas y eficientes servidores de Jesucristo. Los pastores deben ser más que gerentes.

El tipo de liderazgo que necesitamos es aquel que puede ayudar a la comunidad cristiana a entender su misión y a participar en una obra significativa en nombre de Cristo. A veces, los ministros ordenados eluden el liderazgo porque piensan que es contrario a la humildad y a las características de entrega personal que tenía Jesús. A veces, los ministros ordenados adoptan el papel de liderazgo en el extremo opuesto presentándose con un ego abrumador. El liderazgo auténtico es asertivo, pero no promueve el yo como yo. El estilo de liderazgo de servicio exigido a los ministros ordenados es como el descrito por el filósofo chino Lao-Tzu en el siglo sexto A.C.: "Al final de los días del verdadero gran líder, el pueblo dirá de él: 'Lo hicimos nosotros mismos'".

El liderazgo servidor requiere la capacidad de apreciar e identificarse con las personas a quienes sirve. Uno de los sellos distintivos de los primeros predicadores de circuito del metodismo estadounidense fue su habilidad para relacionarse eficazmente con la gente común y comunicar el evangelio en términos que pudieran entender. La iglesia lucha por preparar su ministerio sin alejar a los ordenados de la gente a la que están llamados a servir. El proceso de educación y preparación para la ordenación casi inevitablemente remueve a los candidatos de los entornos en los que sucedieron los llamados iniciales al ministerio y los introduce en un estilo de vida de estudio y reflexión. Puede ser difícil volver atrás. Joseph Blenkinsopp hace esta observación con respecto al sacerdocio católico romano: "Un sacerdote de origen obrero, . . . pronto se encuentra 'fuera de su clase', viviendo a un nivel cultural y económico considerablemente más alto de lo que estaba acostumbrado antes y quizás eventualmente se aleje de aquellos entre los que creció".[105] Esta realidad está presente en toda la educación porque, por definición, la educación está diseñada para exponer a la persona a nuevas ideas y así engendrar cierto alejamiento de la experiencia previa. El problema es particularmente agudo para la educación teológica, ya que su propósito es enviar a los graduados de regreso a sus comunidades de origen como líderes siervos. La tensión es muy real porque el nivel de educación requerido del clero y los entornos en los que tiene lugar la educación, a menudo colocan a los candidatos "fuera de su clase". Las complejas expectativas colocadas sobre futuros clérigos a veces hacen que el ministerio ordenado parezca como otras profesiones y se desarrollan actitudes que son incompatibles con las expectativas de la iglesia. Un laico, que sirvió en un comité para hablar con varios jóvenes clérigos sobre la necesidad de su iglesia en cuanto a un pastor asociado, observó que algunos de ellos parecían ver el ministerio como una "posición" más que como una "tarea". Su comentario sugiere la distinción entre el ministerio ordenado como un trabajo y el ministerio ordenado como liderazgo servidor.

La condición de ser siervos se expresa en la tradición wesleyana del ministerio en los conceptos teológicos de itinerancia y nombramiento. Las ideas de Wesley acerca de un ministerio itinerante y nombrado fueron articuladas en el metodismo estadounidense por el Obispo Asbury, y su aplicación de estos principios se convirtió en determinante durante gran parte del siglo diecinueve. Aunque periódicamente había desafíos a la autoridad episcopal, el sentimiento dominante era que la voluntad de Dios estaba obrando en la iglesia y que el sistema de nombramientos, con un ministerio itinerante, era un medio eficaz de ordenar el ministerio para la urgente tarea evangélica. Hasta finales del siglo diecinueve, los comentaristas interpretarían el nombramiento teológicamente en términos de la voluntad de Dios para la persona y la iglesia. Describiendo la conferencia anual metodista hacia finales del siglo diecinueve, A. B. Hyde escribió: "Al principio, solo el obispo consideraba a los hombres y al campo y hacía los nombramientos. Ningún predicador conocía su destino hasta que el obispo leyera la lista al final de la conferencia. La lectura se tomaba generalmente como el discurso de la Divina Providencia y poco después de la bendición de despedida, los predicadores, con corazón y esperanza fuertes, se dirigían a sus nuevos puestos de servicio".[106] Quizás el mayor significado de esta observación histórica es que señala la convicción de que los predicadores interpretaban su trabajo como parte de un gran plan que tenía un significado supremo. Las privaciones y dificultades de la vida terrenal palidecieron en comparación con las esperanzas y promesas de la iglesia triunfante.

El metodismo contemporáneo enfrenta problemas con la itinerancia y los nombramientos. La vida institucional de la iglesia es más compleja que hace cincuenta años. Las parejas de clérigos y cónyuges con carreras complican la itinerancia. Las demandas por parte de las congregaciones por pastoreos más largos, y las complejidades y costos de los traslados han reducido la movilidad. La introducción de la consulta obligatoria con el pastor y la gente ha cambiado dramáticamente el sistema de gobierno metodista. Sin embargo, quizás el impacto más significativo en los nombramientos y la itinerancia sea el desarrollo de un sistema salarial en el que las disparidades entre las iglesias grandes y ricas, y las iglesias pequeñas o pobres sean muy grandes. Los nombramientos a menudo se basan en consideraciones salariales y años de servicio, más que en las necesidades de la iglesia y los dones y evidencias de la gracia de Dios particulares de un pastor. No podemos usar el entendimiento teológico wesleyano de un ministerio itinerante y nombrado, que se basa en las necesidades misionales de la iglesia, frente a un sistema que se ha desarrollado en los Estados Unidos moderno con honorarios muy diferentes. La teología del nombramiento y la itinerancia requiere una colegialidad de pacto que es el resultado de la confianza de que el nombramiento se basa en el bien supremo de toda la iglesia.

El ministro ordenado tiene que considerar temprano la pregunta: "¿Qué constituye el éxito en el ministerio?" Si se considera que el éxito en el ministerio es una iglesia grande y un gran salario, entonces la vida en el ministerio siempre será infeliz, incluso si estas cosas se logran. A veces los modelos de éxito en el ministerio son importados de otros sectores de la vida, el modelo de mercado, el modelo de entretenimiento, el modelo de gestión o el modelo de celebridad. Pero cuando tomamos prestados estos modelos y los aplicamos al ministerio, sabemos que no es correcto. El único modelo satisfactorio es el de Jesús mismo. Todo lo que entendemos por "éxito" en el ministerio, puede medirse sólo en relación con el liderazgo servidor de Cristo. Tal entendimiento nos lleva a decir que, a pesar de los enormes problemas que enfrenta cualquier sistema de despliegue ministerial, y a pesar de las permanentes deficiencias de la iglesia institucional, Cristo tiene muchos servicios que deben realizarse y la tarea de los ordenados es ser líderes servidores. El éxito en el ministerio podría no ser reconocido por la iglesia o el mundo; es un don de Dios y nunca es el resultado del cálculo humano.

AUTORIDAD MAGISTERIAL

Después de que la oración de ordenación ha terminado y las manos han sido impuestas sobre un ordenando, sus manos están colocadas sobre una Biblia abierta mientras el obispo dice: "Recibe la autoridad como presbítero en la Iglesia para predicar la Palabra de Dios y para administrar los santos sacramentos en la congregación".[107] La ordenación tiene lugar en la imposición de las manos con oración y esta declaración mencionada sigue para anunciar la autoridad que la ordenación otorga. Como vimos en nuestra consideración de la historia de la ordenación, la ordenación está ligada a la responsabilidad por la enseñanza de la iglesia.

John Wesley y el metodismo primitivo reconocieron como central el papel de la enseñanza y el metodismo estadounidense recibió las pautas doctrinales autorizadas de Wesley. Entre estas se encontraban sus sermones publicados, sus *Notas sobre el Nuevo Testamento* (un comentario bíblico), las *Actas de las Conferencias*

Metodistas Inglesas (en las que se articulaban asuntos doctrinales) y el *Servicio Dominical*, que incluía su revisión de los Artículos de la Religión. Entre los metodistas llegaron a conocerse como las *Actas*, los *Sermones*, las *Notas* y el *Servicio Dominical*.[108] Estos materiales doctrinales tenían la intención de mantener un vínculo vital con la iglesia histórica, perpetuar los énfasis wesleyanos y servir de guía para las tres preguntas que constituyeron la primera agenda para las conferencias de Wesley:

1. ¿Qué enseñar? (La sustancia del evangelio)
2. ¿Cómo enseñar? (La proclamación del evangelio)
3. ¿Qué hacer? (El evangelio en acción)

Las respuestas a estas preguntas se derivaron de la conversación en conferencia. Al principio, la conferencia consistía de Wesley y sus predicadores. En el metodismo primitivo estadounidense eran los obispos y los ministros bajo nombramiento, pero los obispos ejercían un fuerte control sobre asuntos doctrinales. Funcionaban como maestros de la iglesia. Después de que los miembros laicos fueran admitidos a la conferencia anual representando cargos, las conferencias dejaron de prestar mucha atención a la doctrina y el metodismo ha prestado cada vez menos atención al oficio de la enseñanza a medida que la iglesia se ha vuelto más democrática. La atención dada a la enseñanza bajo Wesley y los primeros obispos gradualmente dio paso a conferencias que rara vez tratan temas teológicos.

Una de las principales responsabilidades del ministro ordenado es el ejercicio de la autoridad magisterial, pero es una que no ha sido bien entendida recientemente. Hoy no hay voluntad de reconocer la autoridad magisterial. La renuencia a reconocer que la sustancia de la proclamación de la fe importa, es seria para el futuro de la iglesia. La autoridad magisterial requiere conocimiento de la doctrina y reflexión atenta sobre el funcionamiento de la doctrina en el ministerio pastoral. Sólo así el ministro ordenado puede guiar a la comunidad en su esfuerzo por responder a las tres preguntas de Wesley: ¿Qué enseñar? ¿Cómo enseñar? ¿Qué hacer? Los ministros ordenados son líderes servidores para la iglesia en asuntos de teología y doctrina.

El Metodismo Unido necesitará abordar la pregunta de dónde debe realizarse su trabajo teológico y quién debe realizarlo. Una Conferencia General de quizás mil delegados no es lugar para una seria reflexión teológica. Puede ser que se establezca una comisión teológica permanente. También el clero ordenado necesita aceptar nuevamente su obligación de liderazgo teológico. Hay cuestiones teológicas urgentes que enfrenta la iglesia que necesitan la atención de teólogos entrenados a la luz de las Escrituras interpretadas por la tradición de la iglesia, la experiencia cristiana y la razón fiel.

AUTENTICIDAD Y LA VIDA MORAL

El carácter representativo de los ministros ordenados requiere que se preste atención a la vida moral. La iglesia siempre ha esperado que su clero sea moralmente ejemplar, a pesar de que el clero no siempre lo ha sido. La tradición metodista, debido a la preocupación de Wesley por la santidad, está particularmente atenta a las vidas morales de su ministerio ordenado. Hay muchos aspectos que deben considerarse, tales como: qué se piensa sobre "carrera", ministerio y dinero, relaciones con los colegas, sexualidad humana, matrimonio y familia, salud (dieta, descanso, ejercicio), estilo de liderazgo, lealtades equivocadas y capacidad de forjar acuerdos mutuos. Algunos de estos tienen que ver con la ética y la etiqueta, algunos con la ética profesional, y algunos con el papel de los ordenados como ejemplos de la vida cristiana.[109]

Periódicamente surgirá oposición entre los clérigos a la idea de que se debe esperar que sean ejemplos para la iglesia. Este argumento se basa en la observación de que todos los cristianos son ministros y, por lo tanto, el clero no debe tener la presión añadida de ser moralmente ejemplares. Ciertamente todos los cristianos son llamados al ministerio y los mismos estándares se esperan de todos los cristianos. Los ministros ordenados, sin embargo, son figuras "oficialmente representativas" de la iglesia. Esto significa que tomar el yugo de la obediencia incluye el papel representativo en la vida total. Al ministro ordenado no se le pide que lleve una vida moral diferente de los cristianos laicos, pero se espera que él o ella viva una vida que es "oficialmente" representativa del ministerio total de la iglesia.

Un ministro metodista unido ordenado está obligado por voto a ser capaz de justificar todas las acciones morales en términos de la forma en que se reflejan en la comunidad que se sirve y la forma en que enseñan a la comunidad sobre la vida cristiana. Por ejemplo, tradicionalmente el metodismo incluyó en la *Disciplina* prohibiciones explícitas sobre el uso del tabaco y el alcohol por parte del clero. Los candidatos debían afirmar que se abstendrían de ambos. En 1968, estas prohibiciones específicas fueron eliminadas, pero al hacerlo, la iglesia pidió "normas superiores de auto-disciplina y formación de hábitos en todas las relaciones personales y sociales". También exigía "dimensiones de compromiso moral que van más allá de cualesquiera prácticas específicas que se pudieran enumerar".[110] El párrafo 404 dice que todos los candidatos a la ordenación deben hacer "una completa dedicación de sí mismos a los más altos ideales de la vida cristiana, y a este fin estén de acuerdo en ejercer un dominio propio responsable por medio de hábitos personales conducentes a la salud física y mental, madurez emocional, integridad en todas las relaciones personales, fidelidad en el matrimonio y celibato en la soltería, responsabilidad social y crecimiento en la gracia y el conocimiento y en el amor de Dios".[111] Los estándares son altos porque un ministerio auténtico requiere compromiso para vivir como una persona representativa. Los seminarios deben prestar atención a su responsabilidad de ayudar en el proceso de formación para el carácter clerical. La manera en que damos forma a nuestro proceso educativo, incluyendo el carácter de las personas que enseñan en los seminarios, es de vital importancia para el futuro de la iglesia.[112] La vida moral de los ministros ordenados es "oficialmente" representativa ante la iglesia y representativa de la iglesia; "es parte del juego".

EL MINISTERIO Y EL YUGO DE LA OBEDIENCIA

Franz Hildebrandt hizo una vez la observación de que su lectura del Nuevo Testamento le convenció de que la imagen de un ministro del evangelio no es tanto una persona que está "en orden", sino una persona que está "bajo órdenes".[113] Hildebrandt era un buen metodista. Como ha sugerido este libro, la teología metodista de la ordenación se ocupa menos de la cuestión de la validez de las órdenes ministeriales y más de la obligación de los ordenados de estar "bajo órdenes" del evangelio e iglesia de Jesucristo.

Estar "bajo órdenes" significa que uno es obediente y responsable. Calvino insistió en que aquel que es ordenado debe entender que "ya no es ley para sí mismo, sino que está obligado en servidumbre a Dios y a la iglesia".[114] El lenguaje de servicio, obligaciones, órdenes y obediencia no es compatible con un Estados Unidos liberal y secular del siglo veinte. No nos gusta admitir ninguna limitación a la libertad individual. Pero el evangelio cristiano nos desafía porque nos enfrentamos al mismo Jesús que "siendo en forma de Dios, no estimó el ser igual a Dios como cosa a que aferrarse, sino que se despojó a sí mismo, tomó la forma de siervo y se hizo semejante a los hombres. Más aún, hallándose en la condición de hombre, se humilló a sí mismo, haciéndose obediente hasta la muerte, y muerte de cruz" (Filipenses 2:6-8).

Los ministros ordenados son llamados a vidas de entrega representativas, que viven en obediencia y servicio. El mayor potencial para la renovación en el ministerio es que los ordenados reafirmen su alto llamado a vivir "bajo órdenes". Que la oración de John Wesley sea nuestra:

Tomamos con alegría el yugo de la obediencia. Ya no somos nuestros, sino tuyos. Ponnos según tu voluntad. Sitúanos con quien Tú quieras. Ponnos a trabajar. Ponnos a sufrimiento. Que seamos usados por ti o puestos a un lado por ti, exaltados por ti o abatidos por ti. Sea que nos llenes o nos dejes vacíos. Que lo tengamos todo, o no tengamos nada. Libre y sinceramente lo rendimos todo a tu placer y disposición.

Bibliografía

An Ordinal, The United Methodist Church: Adopted for Official Alternative Use by the 1980 General Conference. Nashville: The United Methodist Publishing House, 1979.

Asbury, Francis. The Journal and Letters of Francis Asbury. London: Epworth Press; Nashville: Abingdon Press, 1958.

Baker, Frank. John Wesley and the Church of England. Nashville: Abingdon, 1970.

_____. From Wesley to Asbury. Durham: Duke University Press, 1976.

_____. "Wesley's Ordinations," Wesley Historical Society Proceedings, XXIV 1944, pp. 76-103.

Baptism, Eucharist, and Ministry. Faith and Order Paper No. 111. Geneva, Switzerland: World Council of Churches, 1982.

Barnett, James Monroe. The Diaconate: A Fun and Equal Order. New York: The Seabury Press, 1981.

Barrett, C. K. The Signs of an Apostle. (The Cato Lecture, 1969). London: Epworth Press, 1970.

Barnett, James Monroe. The Diaconate: A Full and Equal Order. New York: The Seabury Press, 1981.

Baxter, Richard. The Reformed Pastor. New York: T. Mason and G. Lane, 1837.

Blenkinsopp, Joseph. Celibacy, Ministry, Church. London: Burns and Dates, 1968.

Blizzard, Samuel W. The Protestant Parish Minister: A Behavioral Science Interpretation. Storrs, Conn.: Society for the Scientific Study of Religion, 1985.

Book of Discipline of the United Methodist Church. Nashville, Tennessee: United Methodist Publishing House, 1984.

The Book of Worship for Church and Home. Nashville, Tennessee: The Methodist Publishing House, 1964, 1965.

Borgen, Ole. John Wesley on the Sacraments. Nashville: Abingdon, 1973.

Bowmer, John C. Pastor and People: A Study of Church and Ministry in Wesleyan Methodism from the Death of John Wesley (1791) to the Death of Jabez Bunting (1858). London: Epworth Press, 1975.

_____. The Sacrament of the Lord's Supper in Early Methodism. Westminster: Dacre Press, 1951.

Brandon, Owen. The Pastor and His Ministry. London: S.P.C.K., 1972.

Brockman, Norbert, S.M. Ordained to Service: A Theology of the Permanent Diaconate. Smithtown, N.Y.: Exposition, 1980.

Brown, Raymond. Priest and Bishop: Biblical Reflections. New York: Paulist Press, 1970.

Brown, William Adams. The Minister, His World and His Work. Nashville, Tennessee: Cokesbury Press, 1937. and May, Mark A. The Education of American Ministers. New York: Charles Scribner's Sons, 1934.

Cahill, Lisa Sowle. Between the Sexes: Foundations for a Christian Ethics of Sexuality. Philadelphia: Fortress Press, 1985.

Cameron, Richard M. Methodism and Society in Historical Perspective. New York and Nashville: Abingdon Press, 1961.

Campbell, Dennis M. Doctors, Lawyers, Ministers: Christian Ethics in Professional Practice. Nashville: Abingdon Press, 1982.

Campenhausen, Hans Freiherr von. Ecclesiastical Authority and Spiritual Power in the Church of the First Three Centuries . J.A. Baker, tr. Stanford, California: Stanford University Press, 1969.

Cannon, William Ragsdale. The Theology of John Wesley. New York and Nashville: Abingdon Press, 1946.

_____. "The Meaning of the Ministry in Methodism," Methodist History, 8:1 (October, 1969), 3-19.

Carroll, Jackson W. and Wilson, Robert L. Too Many Pastors? The Clergy Job Market. New York: Pilgrim Press, 1980.

_____. Women of the Cloth: A New Opportunity for the Churches. San Francisco: Harper & Row, 1981.

Chiles, Robert E. Theological Transition in American Methodism:1790-1935. New York and Nashville: Abingdon Press, 1965.

Congar, Yves. Lay People in the Church. London: Geoffrey Chapman, 1959.

Convocation of Methodist Theological Faculties, 1st, 1959. The Ministry in the Methodist Heritage, ed. Gerald O. McCulloh. Nashville, 1960.

Cooke, Bernard. Ministry to Word and Sacraments: History and Theology. Philadelphia: Fortress Press, 1976.

Cooke, Richard J. History of the Ritual of the Methodist Episcopal Church. Cincinnati: Jennings and Pye; New York: Eaton and Mains, 1900.

Davies, Rupert, and Rupp, Gordon, eds. A History of The Methodist Church in Great Britain, Volume 1, London: Epworth Press, 1965.

Davies, Rupert E. Methodism. London: The Epworth Press, 1963.

Dearing, Trevor. Wesleyan and Tractarian Worship: An Ecumenical Study. London: Epworth Press and S.P.C.K., 1966.

Dickens, A. G. The English Reformation. New York: Schocken Books, 1969.

Dix, Gregory, ed. The Treatise on the Apostolic Tradition of St. Hippolytus of Rome. Reissued with corrections preface and bibliography by Henry Chadwick. London: S.P.C.K., 1968

____. The Question of Anglican Orders. London: Dacre Press, 1948.

Dunn, James D. G. Unity and Diversity in the New Testament: An Inquiry into the Character of Earliest Christianity. London: S.C.M. Press, 1977.

Easton, B. S. "Jewish and Early Christian Ordination," Anglican Theological Review, V (1922-23), 308 ff. and VI (1923-24), 285 ff.

Ehrhardt, Arnold, The Apostolic Ministry. Edinburgh: Oliver and Boyd, 1958.

____. The Apostolic Succession in the First Two Centuries of the Church. London: Lutterworth Press, 1953.

Elliott-Binns, L. The Reformation in England. Hamden, Connecticut: Archon Books, 1966.

Forsyth, Peter Taylor. The Church and the Sacraments. London: Independent Press, 1917.

George, A. Raymond. "Ordination," A History of the Methodist Church in Great Britain, ed. Rupert Davies. London: Epworth Press, 1978, vol. 2, pp. 143-160.

_____. "Ordination in Methodism," London Quarterly and Holborn Review, 176 (April, 1951), 156-169.

Gerdes, Egon. Informed Ministry: Theological Reflections on the Practice of Ministry in Methodism. Zurich: Publishing House of the Methodist Church, 1976.

Greenleaf, Robert K. Servant Leadership: A Journey into the Nature of Legitimate Power and Greatness. New York: Paulist, 1977.

Greeves, Frederic. Theology and the Cure of Souls. London: Epworth, 1960.

Hale, Harry. New Witnesses: United Methodist Clergywomen. Nashville: Board of Higher Education and Ministry, 1980.

Hall, David. The Faithful Shepherd: A History of the New England Ministry in the Seventeenth Century. Chapel Hill: University of North Carolina Press, 1972.

Hanson, Anthony Tyrrell. The Church of the Servant. London: S.C.M., 1962.

_____. Church, Sacraments and Ministry. London: Mowbray, 1975.

_____. The Pioneer Ministry: The Relation of Church and Ministry. Philadelphia: Westminster, 1961.

Harmon, Nolan B. The Rites and Ritual of Episcopal Methodism. Nashville: Publishing House of the Methodist Episcopal Church, South, 1926.

Harrisville, Roy A. Ministry in Crisis: Changing Perspectives on Ordination and the Priesthood of All Believers. Minneapolis: Augsburg, 1987.

Harvey, A. E. Priest or President? London: S.P.C.K., 1975.

Hauerwas, Stanley. "Clerical Character: Reflecting on Ministerial Morality." Word and World. VI, 2, pp. 181-193.

Hawkins, Frank. "The Tradition of Ordination in the Second to the Time of Hippolytus." The Study of Liturgy. Edited by Cheslyn Jones, Geoffrey Wainwright, and Edward Yarnold. New York: Oxford University Press, 1978.

Herbert, George. A Priest to the Temple, or Parson. London: Methuen, 1899. London, S.P.C.K., 1961.

Holifield, E. Brooks. The Gentlemen Theologians: American Theology in Southern Culture, 1795-1860. Durham, N.C.: Duke University Press, 1978.

Holmes, Urban T., III. The Future Shape of Ministry. New York: Seabury Press, 1971.

____. The Priest in Community: Exploring the Roots of Ministry. New York: Seabury, 1978.

____and Robert E. Terwilliger, ed. To Be a Priest. New York: Seabury, 1975.

Holter, Don W. "Some Changes Related to the Ordained Ministry in the History of American Methodism," Methodist History, 13 (April, 1975), 177-194.

Hughes, Kent and Barbara. Liberating Ministry from the Success Syndrome. Wheaton, Illinois: Tyndale, 1987.

Hyde, A. B. The Story of Methodism Throughout the World. Philadelphia: P. W. Ziegler and Company, 1888.

Institute of Liturgical Studies. Church and Ministry: Chosen Race, Royal Priesthood, Holy Nation, God's Own People, ed. Daniel C. Brockopp. Valparaise, Indiana: Institute of Liturgical Studies, 1982.

Jenkins, Daniel. The Protestant Ministry. London: Faber and Faber, 1958.

Jewett, Paul K. The Ordination of Women: An Essay on the Office of Christian Ministry. Grand Rapids, Michigan: William B. Eerdmans, 1980.

Joint Lutheran/Roman Catholic Study Commission on the Gospel and the Church. The Ministry in the Church. Geneva: Lutheran World Federation, 1982.

Kelly, Robert L. Theological Education in America. New York: George H. Doran Company, 1924.

Kirkpatrick, Dow, ed. The Doctrine of the Church. New York and Nashville: Abingdon Press, 1964.

Kraemer, Hendrick. A Theology of the Laity. Philadelphia: Westminster Press, 1958.

Kung, Hans., ed. The Plurality of Ministries. New York: Herder and Herder, 1972.

_____. Why Priests? A Proposal for a New Church Ministry. Garden City, N.Y.: Doubleday 1972.

_____. The Future of Ecumenism. N.Y.: Paulist Press, 1969.

Langford, Thomas A. Practical Theology in the Wesleyan Tradition. Nashville: Abingdon, 1984.

____. Wesleyan Theology: A Sourcebook Durham: Labyrinth Press, 1984.

Lawson, A. B. John Wesley and the Christian Ministry: The Sources and Development of His Opinions and Practices. London: S.P.C.K., 1963.

Lawson, John. Methodism and Catholicism. London: S.P.C.K., 1954

Lincoln, C. Eric. The Black Experience in Religion. Garden City, N.Y.: Anchor Press, 1974.

Lynn, Kenneth S. The Professions in America. Boston: Beacon Press, 1963.

Mackie, Steven G. Patterns of Ministry: Theological Education in a Changing World. London: Collins, 1969.

Manson, T. W. The Church's Ministry. Philadelphia: Westminster Press, 1948.

Mathews, James K. Set Apart to Serve: The Role of Episcopacy in the Wesleyan Tradition. Nashville: Abingdon Press, 1985.

McBrien, Richard P. Ministry: A Theological, Pastoral Handbook. San Francisco: Harper and Row, 1987.

Mickle, Jeffrey P. "Toward a Revised Diaconate," Quarterly Review, II (1982), pp. 43-61.

Milner, Benjamin. Calvin's Doctrine of the Church. London: Brill, 1970.

Mitchell, Nathan. Mission and Ministry: History and Theology in the Sacrament of Order. Wilmington, Delaware: M. Glazier, 1982.

Moberly, R. C. Ministerial Priesthood. London: J. Murray, 1897.

Moede, Gerald F. The Office of Bishop in Methodism: Its History and Development. Zurich,

Switzerland: Publishing House of The Methodist Church. New York and Nashville: Abingdon Press, 1964.

_____. A Renewed Diaconate in The United Methodist Church? Occasional Papers, Board of Higher Education and Ministry. Nashville: The United Methodist Publishing House, 1978.

Moule, C. F. D. "Deacons in the New Testament," Theology, LVIII, 1950, 405 ff.

Neely, Thomas B. The Bishops and the Supervisional System of the Methodist Episcopal Church. Cincinnati: Jennings and Graham, 1912.

Niebuhr, H. Richard. The Purpose of the Church and its Ministry. New York: Harper and Row, 1956.

_____and Williams, Daniel Day, eds. The Ministry in Historical Perspectives. New York: Harper and Row, 1956.

Neely, Thomas Benjamin. The Evolution of Episcopacy and Organic Methodism. New York: Phillips, 1888.

Norwood, Frederick A. The Story of American Methodism: A History of the United Methodists and their Relations. Nashville and New York: Abingdon Press, 1974.

Nouwen, Henri W. Creative Ministry. Garden City, New York: Doubleday, 1971.

_____. The Living Reminder: Service and Prayer in Memory of Jesus Christ. New York: Seabury Press, 1977.

_____. The Wounded Healer: Ministry in Contemporary Society. Garden City, New York: Doubleday, 1972.

Nygren, FIerbert, "John Wesley's Changing Concept of the Ministry," Religion in Life, 31 (1962), 264-274.

Oden, Thomas C. Pastoral Theology: Essentials of Ministry. San Francisco: Harper and Row, 1983.

Outler, Albert C. John Wesley. New York: Oxford University Press, 1964.

____. "The Ordinal." Companion to The Book of Worship. Nashville and New York: Abingdon Press, 1970.

____Theology in the Wesleyan Spirit. Nashville: Tidings, 1975.

Parrish, Carrie W. The Journey of Women toward Ordination in the United Methodist Tradition: An Examination of the Efforts of Women. North Carolina Conference, United Methodist Church, 1983.

Patterson, Louis Dale. "The Ministerial Mind of American Methodism: The Courses of Study for the Ministry of the MEC, MEC South, and MP." Un-published Ph.D. dissertation, Drew University, 1984.

Pittenger, Norman. The Ministry of All Christians: A Theology of Lay Ministry. Wilton, Connecticut: Morehouse-Barlow, 1982.

Power, David N. Ministers of Christ and His Church: The Theology of the Priesthood. London: Geoffrey Chapman, 1969.

Pragman, James II. Traditions of Ministry: A History of the Doctrine of the Ministry in Lutheran Theology. St. Louis: Concordia, 1983.

Rattenbury, John Ernest. The Eucharistic Hymns of John and Charles Wesley. London: Epworth Press, 1948.

Richey, Russell E., "Evolving Patterns of Methodist Ministry," Methodist History, 22 (October, 1983), 25-37.

____Rethinking Methodist History; A Bicentennial Historical Consultation. Nashville: Kingswood Books, United Methodist Publishing House, 1985.

Ruether, Rosemary, ed. Women of Spirit: Female Leadership in the Jewish and Christian Traditions. New York: Simon & Schuster, 1979.

Rupp, Gordon E. Studies in the Making of the Protestant Tradition in the English Reformation. London: Epworth Press, 1948.

Schaller, Lyle E., ed. Women as Pastors. Nashville: Abingdon, 1982.

Schillebeeckx, Edward. Ministry: Leadership in the Community of Jesus Christ. New York: Crossroad, 1981.

Schilling, S. Paul Methodism and Society in Theological Perspective. New York and Nashville: Abingdon Press, 1960.

Schweizer, Eduard. Church Order in the New Testament. Frank Clarke, tr. London. SCM Press, 1961.

Scott, Donald M. From Office to Profession: The New England Ministry, 1750¬1850. Philadelphia: University of Pennsylvania Press, 1978.

Shelp, Earl E., ed. The Pastor as Prophet. New York: Pilgrim Press, 1985.

Shepherd, Massie. "The Development of the Early Ministry," Anglican Theological Review XXVI (1944)

Shockley, Gran t, et. al. Black Pastors and Churches in United Methodism. Atlanta: Center for Research in Social Change, Emory University, 1976.

Simpson, Ervin P. Y. Ordination and Christian Unity. Valley Forge: Judson, 1966.

Spellman, Norman Woods. "The General Superintendency in American Methodism, 1784-1870." Yale Dissertation, Ann Arbor, Michigan: University Microfilms, 1973.

Steinmetz, David C., "Asbury's Doctrine of Ministry," Duke Divinity School Review, 40 (Winter, 1975), 10-17.

Tavard, George H. A Theology for Ministry. Wilmington, Delware: Michael Glazier, 1983.

Thompson, Edgar W. Wesley: Apostolic Man: Some Reflections on Wesley's Consecration of Dr. Thomas Coke. London: Epworth Press, 1957

Thurian, Max. Priesthood and Ministry: Ecumenical Research. London: Mowbray, 1983. 125

Tigert, John J. A Constitutional History of American Episcopal Methodism. Nashville: Publishing House of the Methodist Episcopal Church, South, 1916.

Tuell, Jack M. The Organization of the United Methodist Church. Nashville: Abingdon, 1977.

Vos, Wiebe, and Wainwright, Geoffrey. Ordination Rites: Papers Read at the 1979 Congress of Societas Liturgica. Rotterdam: The Liturgical Ecumenical Center Trust, 1980.

Wagoner, Walter D. Bachelor of Divinity. New York: Association Press, 1963.

Wainwright, Geoffrey. The Ecumenical Movement: Crisis and Opportunity for the Church. Grand Rapids: William B. Eerdmans, 1983.

Weidman, Judy, ed. Women Ministers. San Francisco: Ilarper & Row, 1981.

Wesley, John. The Journal of John Wesley. Edited by Nehemiah Curnock. Standard edition. London: The Epworth Press, 1938.

_____. The Letters of John Wesley. Edited by John Telford. Standard edition. London: The Epworth Press, 1938.

_____. The Works of John Wesley. Edited by Thomas Jackson. 3rd ed. London: John Mason, 1829. Grand Rapids, Michigan: Baker Book House, 1978.

_____. The Works of John Wesley. Edited by Frank Baker. Oxford /Bicentennial Edition. Oxford: Oxford University Press and Nashville: Abingdon Press. [Individual volumes, which carry various publication dates, are listed in the end notes.]

What Is Ordination Coming To? Report of a Consultation on the Ordination of Women . . . September, 1970, ed. Brigalia Bam. Geneva: World Council of Churches, 1971.

Williams, Colin W. John Wesley's Theology Today. New York and Nashville, Abingdon Press, 1960.

Notas

INTRODUCCIÓN

[1] Peter Taylor Forsyth, *The Church and the Sacraments* [*La iglesia y los sacramentos*] *(London: Independent Press, 1917), p. 130.*

CAPÍTULO I

[2] Recientemente Ellis L. Larsen y James M. Shropshire completaron un estudio titulado "A Profile of Contemporary Seminarians" [Un perfil de seminaristas contemporáneos]. Este estudio, que será publicado en *Theological Education*, la revista de la Asociación de Escuelas Teológicas en los Estados Unidos y Canadá, es la fuente de la información en estos dos párrafos.

[3] Howard R. Bowen y Jack H. Schuster, *American Professors: A National Resource Imperiled* [Profesores estadounidenses: un recurso nacional en peligro] (New York: Oxford University Press, 1986). Entre sus estudios está un informe fascinante realizado por los autores en torno al porcentaje de miembros Phi Beta Kappa en puestos selectos entre 1945-83. Entre 1945-49, el 3.9 por ciento de las personas elegidas para Phi Beta Kappa estaban en el ministerio. Los autores del estudio señalan una disminución constante hasta que en 1980-83 sólo el 0.8 por ciento de personas elegidas estaban en el ministerio.

[4] *The Book of Discipline of the United Methodist Church* [El Libro de la Disciplina de la Iglesia Metodista Unida] (Nashville: The United Methodist Publishing House, 1984), p. 404, nota al pie de página 3, p. 192.

[5] Véase Albert C. Outler, *Theology in the Wesleyan Spirit* [Teología en el espíritu wesleyano] (Nashville, Tidings, 1975), pp. 20-22.

[6] *The Works of John Wesley*, Oxford/Bicentennial Edition, vol. 7, ed. Franz Hilderbrandt and Oliver A. Beckerlegge, "A Collection of Hymns for the Use of the People called Methodists" (Oxford: Oxford University Press, 1983), p. 644.

[7] Véase Kenneth E. Rowe, "New Light on Early Methodist Theological Education" [Nueva luz sobre la educación teológica del metodismo primitivo], *Methodist History*, vol. 10, Oct. 1971, pp. 58-62.

8 Véase Louis Dale Patterson, "The Ministerial Mind of American Methodism: The Courses of Study for the Ministry of the Methodist Episcopal Church, The Methodist Episcopal Church, South, and The Methodist Protestant Church" [La Mente Ministerial del Metodismo Estadounidense: Los Cursos de Estudio para el Ministerio de la Iglesia Metodista Episcopal, la Iglesia Metodista Episcopal, Sur, y la Iglesia Protestante Metodista] (Unpublished Ph.D. dissertation, Drew University, 1984).

9 Véase Roy A. Harrisville, *Ministry in Crisis: Changing Perspectives on Ordination and the Priesthood of All Believers* [Ministerio en crisis: Cambiando perspectivas sobre la ordenación y el sacerdocio de todos los creyentes] (Minneapolis: Augsburg, 1987).

10 Véase *The Priesthood of the Ordained Ministry* [El sacerdocio del ministerio ordenado] (London: Church House Publishing, 1986), pp. 87-90.

11 Véase Edward Schillebeeckx, *The Church with a Human Face: A New and Expanded Theology of Ministry* [La iglesia con rostro humano: una nueva y expandida teología del ministerio] (New York: Crossroad, 1985).

12 *Baptism, Eucharist and Ministry* [Bautismo, Eucaristía y Ministerio], Faith and Order Paper No. 111 (Geneva: World Council of Churches, 1982).

13 *The Book of Worship for Church and Home* [El libro de adoración para la iglesia y el hogar] (Nashville: The Methodist Publishing House, 1964), p. 387.

CAPÍTULO II

14 Sobre el asunto de la relación de Jesús con el judaísmo de su época, véase E. P. Sanders, *Jesus and Judaism* [Jesús y el judaísmo] (Philadelphia: Fortress Press, 1985). Ver especialmente pp. 116-119. En cuanto a la singularidad del ministerio de Jesús ver James D.G. Dunn, *Unity and Diversity in the New Testament: An Inquiry into the Character of Earliest Christianity* [Unidad y Diversidad en el Nuevo Testamento: Una investigación sobre el carácter del cristianismo más primitivo] (Londres: S.C.M. Press, 1977). Para equilibrar el énfasis de Dunn y apreciar la comunidad de los seguidores de Jesús, véase Gerd Theissen, *Sociology of Early Palesti-*

nian Christianity [Sociología del cristianismo primitivo palestino] (Philadelphia: Fortress Press, 1978), pp. 24-30.

[15]Véase Lucas 6:13-16. Sobre este punto véase también E. P. Sanders, *Jesus and Judaism* [Jesús y el judaísmo], pp. 103-106.

[16]Véase Marcos 9:34-37; Lucas 9:46-48.

[17] Mateo 16:16

[18] Robert A. Spivey y D. Moody Smith, *Anatomy of the New Testament: A Guide to Its Structure and Meaning* [Anatomía del Nuevo Testamento: Guía para su estructura y significado] (Third Edition, Nueva York: MacMillan, 1982), p. 332.

[19] Véase, por ejemplo, 2 Cor. 3:6, 5:18; Ef. 4:1-7, 11-16; Rom. 12:6-8; Col. 1:7, 25, 4:7.

[20] Max Weber proporciona una visión importante del papel sociológico de los ministerios carismáticos en el Nuevo Testamento. Véase Max Weber, *The Sociology of Religion* [La Sociología de la Religión] (Boston: Beacon Press, 1963), pp. 60 y ss., p. 195. Véase también la discusión de Weber y Emil Durkheim sobre la idea del carisma en la "Introducción" de Talcott Parsons a esta edición, pp. xxxiii ss.

[21] Véase Gál. 3:28. En 1 Cor. 9:1 Pablo afirma su propio apostolado; y en Ef. 3:7-12 discute su comisión que le autoriza a predicar el evangelio. Véase también 2 Cor. 3:6.

[22] Dunn, p. 108.

[23] Spivey y Smith, pág. 134: "Hechos de Lucas probablemente fue escrito en algún momento entre el 80 y el 100 d. C."

[24] Véase Hechos 15.

[25] Véase Hechos 14:23 y Tito 1:5.

[26] Véase Santiago 5:14.

[27] Wayne A. Meeks, *The First Urban Christians: The Social World of the Apostle Paul* [Los primeros cristianos urbanos: El mundo social del apóstol Pablo] (New Haven: Yale University Press, 1983), pp. 80-81.

[28] Ibid., pp. 79-80.

[29]Véase Dunn, pp. 121-123.

[30] Eduard Schweizer, *Church Order in the New Testament* [Orden eclesiástico en el Nuevo Testamento] (Naperville, 111: Allenson, 1961).

[31] Edward Schillebeeckx, *Ministry: Leadership in the Community of Jesus Christ* [Ministerio: Liderazgo en la Comunidad de Jesucristo]

(Nueva York: Crossroad: 1981), p. 9: "Así que originalmente los líderes de la comunidad no parecen haber tenido ningún nombre especial para su ministerio ('los que trabajan entre vosotros, y os dirigen e instruyen'.) Pero el hecho de que hubo líderes locales en las comunidades incluso durante la vida de los apóstoles, aunque en última instancia bajo la supervisión de los apóstoles, es históricamente innegable".

[32] Para un estudio útil del problema de la unidad en la iglesia del primer siglo, véase Paul J. Achtemeier, *The Quest for Unity in the New Testament Church* [La búsqueda de la unidad en la Iglesia del Nuevo Testamento] (Filadelfia: Fortress Press, 1987), Ver especialmente pp. 75-82.

[33] Bernard Cooke, *MInistry to Word and Sacrament: History and Theology* [Ministerio de la Palabra y Sacramentos: Historia y Teología] (Philadelphia: Fortress Press, 1976), p. 63.

[34] Joseph Blenkinsopp, *Celibacy, Ministry, Church* [Celibato, ministerio, iglesia] (London: Burns y Oates, 1969), p. 106.

[35] Smyrneans 8:1-2.

[36] Blenkinsopp enfatiza el hecho de que lo que más tarde sería conocido como el episcopado monárquico no es evidente en el Nuevo Testamento. Ver pág. 149.

[37] Para una colección de estos documentos y otros sobre la iglesia, el ministerio y los sacramentos véase Henry Bettenson, ed., *Documents of the Christian Church* [Documentos de la Iglesia Cristiana] (Oxford: Oxford University Press, 1963), pp. 62-79.

[38] El liderazgo de la iglesia primitiva y la realidad del martirio es discutido por Christopher Dawson, *The Formation of Christendom* [La Formación de la Cristiandad] (Nueva York: Sheed y Word, 1967), págs. 96 ss.

[39] Ibid., p. 94.

[40] Una de las historias más útiles del ministerio cristiano es H. Richard Niebuhr y Daniel Day Williams, eds., *The Ministry in Historical Perspectives* [El ministerio en perspectiva histórica] (Nueva York: Harper y Row, 1956).

[41] Para un tratamiento más completo de las raíces teológicas cristianas del desarrollo y significado de las profesiones, véase mi libro *Doctors, Lawyers, Ministers: Christian Ethics in Professional Practice* [Doctores, abogados, ministros: Ética cristiana en la práctica

profesional] (Nashville: Abingdon Press, 1982), especialmente en las páginas 17-30.

[42] Roland H. Bainton, *The Reformation of the Sixteenth Century* [La Reforma del Siglo XVI] (Boston: Beacon Press, 1952), ver especialmente pp. 46-47. Véase también David C. Steinmetz, *Reformers in the Wings* [Reformadores en las alas] (Philadelphia: Fortress Press, 1971) pp. 69-89.

[43] *"On the Ordering of the Divine Service in the Congregation"* ["Sobre el orden del servicio divino en la Congregación"], D. Martin Luthers Werke, vol. 4, (Briefwechsal: Weimar, 1930), pág. 62.

[44] *Institutes of the Christian Religion* [Institutos de la religión Cristiana], editado por John T. McNeill (Filadelfia: The Westminster Press, 1960), IV 3.12.

[45] Para una historia general ver A. G. Dickens, *The English Reformation* [La reforma inglesa] (Nueva York: Schocken Books, 1964), o E. G. Rupp, *Studies in the Making of the English Protestant Tradition* [Estudios en el proceso de formación de la tradición protestante inglesa] (Cambridge: Cambridge University Press, 1965).

[46] La frase proviene de *"The Order for Confirmation and Reception into the Church"* ["El orden para la confirmación y la recepción en la iglesia], The Book of Worship for Church and Home, (Nashville: The Methodist Publishing House, 1964), p. 12.

[47] Norman Pittenger, *The Ministry of All Christians: A Theology of Lay Ministry* [El ministerio de todos los cristianos: Una teología del ministerio laico] (Wilton, Connecticut: Morehouse - Barlow Co., 1983) proporciona una útil explicación de la relación entre los ministerios generales y ordenados. "Por lo tanto, la principal preocupación, tanto para los ordenados como para los no ordenados, es que el corazón de uno sea puro - y esto significa, como el gran pensador danés Kierkegaard lo expresó tan vívidamente, que uno 'quiere una cosa'. Esa "cosa" es sacrificio y servicio" (el énfasis es mío), p. 11.

CAPÍTULO III

[48] *The Works of John Wesley* [Las Obras de John Wesley], Bicentennial Edition, vol. 2, ed. Albert C. Outler (Nashville: Abingdon

Press, 1985) Sermones II, "A Caution Against Bigotry" ["Una advertencia contra el fanatismo"], p. 70.
[Disponible en *Las Obras de Wesley*, Tomo 2, p. 377.]
[49] Para un estudio a fondo de este período véase *Introduction to Diary of an Oxford Methodist* [Introducción al Diario de un metodista de Oxford] de Richard Heitzenrater: Benjamin Ingham, 1733-1734 (Durham: Duke University Press, 1985), pp. 1-47.
[50] Nota del traductor: "Síndico" es el término usado históricamente para referirse a los fideicomisarios o miembros de la "junta directa" que Wesley nombraba para manejar las propiedades y los negocios del movimiento.
[51] *The Works of John Wesley* [Las obras de John Wesley], Oxford/Bicentennial Edition, vol. 25, ed. Frank Baker (Oxford: Oxford University Press, 1980), Letters I, "To the Revd. John Burton" [Al Rev. John Burton] p. 439.
[Disponible en *Las Obras de Wesley*, Tomo 13, p.73.]
[52] John Wesley's First Hymn-book: A Facsimile with Additional Material [Primer himnario de John Wesley: Un facsímil con material adicional], ed. Frank Baker and George Walton Williams (Charleston, S.C.: Dalcho Historical Society, and London: Wesley Historical Society, 1964).
[53] *The Journal of the Rev. John Wesley* [El Diario del Rev. John Wesley], A.M., ed. Nehemiah Curnock (London: Epworth Press, 1938), vol. 1, p. 418. [Disponible en *Las Obras de Wesley*, Tomo 11, p.37.]
[54] *Journal* [Diario], vol. I, May 24, 1738, p. 476. [Disponible en *Las Obras de Wesley*, Tomo 11, p.66]
[55] En la Introducción a su volumen editado sobre John Wesley en la *Library of Protestant Thought* [*Biblioteca de Pensamiento Protestante*], Albert C. Outler utiliza el término ministro "extraordinarius". Véase también la nota de pie de página en la que discute la defensa de Wesley de su ministerio itinerante en términos de su ordenación de Oxford. Albert C. Outler, ed., John Wesley (Nueva York: Oxford University Press, 1964), pág. 21.
[56] *Works* [Obras], Oxford/Bicentennial Edition, vol. 25, ed. Frank Baker (Oxford: Oxford University Press, 1980) Letters I [Cartas I], "To James Hervey," p. 286. [Disponible en *Las Obras de Wesley*, Tomo 13, p. 123.]

57 *Works* [Obras], Oxford/Bicentennial Edition, vol. II, ed. Gerald R. Cragg (Oxford: Oxford University Press, 1980), "A Farther Appeal to Men of Reason and Religion" [Un llamado ferviente a personas razonables y religiosas], Part III, pp. 297-298. [Disponible en *Las Obras de Wesley*, Tomo 6, p. 341.]

58 *Works* [Obras], Bicentennial Edition, vol. 2, ed. Albert C. Outler (Nashville: Abingdon Press, 1985), Sermons II, "A Caution Against Bigotry" [Una advertencia contra el fanatismo], p. 74. [Disponible en *Las Obras de Wesley*, Tomo 2, p. 392.]

59 *Works* [Obras], Bicentennial Edition, vol. 3, Sermons III, "On Obedience to Pastors" [Sobre la obediencia hacia los pastores], p. 376.

60 Paul Chilcote, *"John Wesley and the Women Preachers"* [John Wesley y las Mujeres Predicadoras], (disertación de doctorado inédita, Duke University, 1984). Véase también su libro sobre este tema, *She Offered Them Christ* [Ella les ofreció a Cristo] (Nashville: Abingdon Press, 1988).

61 Frank Baker comenta sobre esto en su libro, *From Wesley to Asbury: Studies in Early American Methodism* [De Wesley a Asbury: Estudios en metodismo americano primitivo] (Durham: Duke University Press, 1976), p. 133.

62 *The Book of Worship of the Methodist Church* [El libro de adoración de la Iglesia Metodista] (Nashville: The Methodist Publishing House, 1964), p.387.

63 *Works* [Obras], Oxford/Bicentennial Edition, vol. 7, ed. Franz Hildebrandt and Oliver A. Beckerlegge (Oxford: Oxford University Press, 1983), "A Collection of Hymns for the Use of the People called Methodists" [Una colección de himnos para el uso del pueblo llamado metodista], p. 694.

64 Véase Geoffrey Wainwright, *The Ecumenical Moment: Crisis and Opportunity for the Church* [El momento ecuménico: crisis y oportunidad para la iglesia] (Grand Rapids: Eerdmans, 1983), pp. 189ss.

65 El estudio académico estándar es Frank Baker, *John Wesley and the Church of England* [John Wesley y la Iglesia de Inglaterra] (Nashville: Abingdon Press, 1970).

66 Wesley "... repudió completamente la noción de que los metodistas eran disidentes". Rupert E. Davies, *Methodism* [Methodism] (Londres: Epworth Press, 1963), pág. 99.

[67] *The Letters of the Rev. John Wesley* [Las cartas del Rev. John Wesley], A.M., ed. John Telford (London: The Epworth Press, 1931), vol. III, p. 182.

[68] *Journal* [Diario], vol. III, p. 232, January 20, 1746.

[69] *Letters* [Cartas], vol. III, p. 182, To James Clark.

[70] Colin W. Williams, *John Wesley's Theology Today* [Teología de John Wesley para hoy] (Nashville, Abingdon Press, 1960), p. 225.

[71] *Journal* [Diario], vol. VII, August 31, September 1, 1784, pp. 15-16, 23. [Disponible en *Las Obras de Wesley*, Tomo 12, p.296.]

[72] Ibid., September 2, 1784, p. 15.

[73] *Letters* [Cartas], vol. VII, p. 21.

[74] *Ibid.*, pp. 238-9. [Disponible en *Las Obras de Wesley*, Tomo 14, p.217.]

[75] Una edición facsímil de *John Wesley's Sunday Service of the Methodists in North America* [Servicio Dominical de los Metodistas en Norteamérica de John Wesley], con una introducción de James F. White, fue publicada como Reimpresión conmemorativa del Bicentenario Metodista en *Quarterly Review Reprint Series* [Revista Trimestral Reprint Series] (Nashville: United Methodist Publishing House, 1984). Todas las referencias son a esta edición.

[76] Albert C. Outler, *"The Ordinal"* en William F. Dunkle, Jr. y Joseph D. Quillian, Jr., eds., *Companion to the Book of Worship* (Nashville and New York: Abingdon Press, 1970), p. 113.

[77] A su hermano Charles, John le escribió el 19 de agosto,1785: "I firmly believe I am a scriptural episkopos as much as any man in England or in Europe" [Creo firmemente que yo soy tan episkopos escritural como cualquier hombre en Inglaterra o Europa]. Letters, vol. 7, p. 284. [Disponible en *Las Obras de Wesley*, Tomo 14, p.224.]

[78] Para un ejemplo de este argumento véase A.B. Lawson, *John Wesley and The Christian Ministry* [John Wesley y el ministerio cristiano] (Londres: S.P.C.K., 1963), páginas 153-157. Este excelente estudio muestra todos los problemas serios con las ordenaciones de Wesley según la teología anglicana. Albert Outler habla de esto de una manera diferente al minimizar el significado de la ordenación para Wesley: "En su uso consistente, 'ordenar' significaba 'autorizar', ni más, ni menos". *Ibid.*

CAPÍTULO IV

[79] John J. Tigert, *A Constitutional History of American Episcopal Methodism* [Una historia constitucional del metodismo episcopal estadounidense] (Nashville: Publishing House of the Methodist Episcopal Church, South, 1916), pp. 149 ff.

[80] Thomas Ware, *Sketches of the Life and Travels of Rev. Thomas Ware* [Bocetos de la vida y los viajes del Rev. Thomas Ware], Written by Himself (New York: Mason and Lane, 1839), p. 106.

[81] Nota del traductor: se ha mantenido la traducción en el texto de "... una traducción inglesa alternativa de *episkopos*", por razones obvias. Pero, igual sucede en español y, especialmente, en el lenguaje utilizado entre las iglesias metodistas, donde también se usa la palabra "superintendente" como traducción alternativa de *episkopos*.

[82] Para la interpretación del obispo Asbury de los acontecimientos de la Conferencia de Navidad y su significado, véase The Journal and Letters of Francis Asbury [El diario y cartas de Francis Asbury], eds. J. Manning Potts, Elrner T. C1ark, y Jacob S. Patton (London y New York: Epworth Press y Abingdon Press, 1958), vol. III, páginas 475-479. Sobre el cambio de título véase Tigert, pp. 240-241.

[83] Tigert, p. 209. Véase también *The First Discipline and the Large Minutes* en Tigert, p. 549.

[84] *Ibid.*

[85] *Ibid.*

[86] Para una útil discusión del papel de Asbury en la formación del culto metodista en los Estados Unidos, véase William Nash Wade, "*A History of Public Worship in the Methodist Episcopal Church and Methodist Episcopal Church, South, From 1784 to 1905*" ["Una historia de culto público en la Iglesia Metodista Episcopal y la Iglesia Metodista Episcopal, Sur, de 1784 a 1905"] (tesis inédita de Ph.D. , Universidad de Notre Dame, 1981), páginas 177-192.

[87] *The Doctrines and Discipline of the Methodist Episcopal Church, South* [Las doctrinas y disciplina de la Iglesia Metodista Episcopal, Sur] (Nashville: The Methodist Episcopal Church, South Publishing House, 1926), párrafo 139.

⁸⁸ *The Doctrines and Discipline of The Methodist Episcopal Church* [Las doctrinas y disciplina de la Iglesia Metodista Episcopal] (New York: Methodist Book Concern, 1924), párrafo 221.

⁸⁹ *The Doctrines and Discipline of The Methodist* Church [Las doctrinas y disciplina de la Iglesia Metodista] (New York and Nashville: The Methodist Publishing House, 1939), párrafo 287.

⁹⁰ *Journal of the 1964 General Conference of The Methodist* Church (Nashville: The Methodist Publishing House, 1964), vol. I, pp. 392-405.

⁹¹ *The Book of Discipline of The United Methodist Church* [El libro de disciplina de la Iglesia Metodista Unida] (Nashville: The United Methodist Publishing House, 1968), párrafo 349.

⁹² *The Book of Discipline of The United Methodist Church* [El libro de disciplina de la Iglesia Metodista Unida] (Nashville: The United Methodist Publishing House, 1976), párrafo 408.

⁹³ *The Book of Discipline of The United Methodist Church* [El libro de disciplina de la Iglesia Metodista Unida] (Nashville: The United Methodist Publishing House, 1984), párrafo 406.

⁹⁴ Véase, por ejemplo, Timothy L. Smith, *Revivalism and Social Reform: American Protestantism on the Eve of the Civil War* [Avivamiento y reforma social: el protestantismo americano en vísperas de la guerra civil] (Nashville: Abingdon, 1957), pág. 119: "Los obispos esperaban que cada pastor metodista fuera un evangelista ... Los obispos mismos eran agresivamente evangelistas".

⁹⁵ "Culto de Ordenación de Presbíteros y Diáconos, Nombramiento de Miembros Provisionales, Reconocimiento de Órdenes, y Reconocimiento de Miembros Asociados," *The Book of Worship of the Methodist Church* [El libro de adoración de la Iglesia Metodista] (Nashville: The Methodist Publishing House, 1964).

CAPÍTULO V

⁹⁶ *The Book of Discipline of the United Methodist Church* [El libro de Disciplina de la Iglesia Metodista Unida] (Nashville: The United Methodist Publishing House, 1984), párrafo 428, p. 216.

⁹⁷ Véase 1 Timoteo 3:1-13; Tito 1:5-9; 1 Pedro 5:1-11.

[98] Esta oración ha permanecido en ediciones posteriores de Las Disciplinas. En la edición de 1984 se encuentra en el párrafo 412, página 201.

[99] Lisa Sowle Cahill lo dice muy bien en su libro *Between the Sexes: Foundations for a Christian Ethics of Sexuality* [Entre los sexos: Fundamentos para una ética cristiana de la sexualidad] (Philadelphia: Fortress Press, Nueva York: Paulist Press, 1985), pág. 148: "La evidencia empírica sólo puede apropiarse de manera significativa en la ética cristiana si se interpreta a la luz de otras fuentes complementarias: Escritura, tradición y relatos normativos, en vez de descriptivos, de lo humano".

[100] *The Book of Discipline* [El libro de la disciplina] (1984), párrafo 402, página 189.

CAPÍTULO VI

[101] Peter Taylor Forsyth, *The Church and the Sacraments* [La iglesia y los sacramentos]. (London: Independent Press, 1917), p. 130.

[102] Véase mi artículo "The Ordained Ministry as a Profession: Theological Reflections on Identity" [El ministerio ordenado], Quarterly Review, vol. 3, No. 2, pp. 21-20.

[103] Robert K. Greenleaf, *Servant Leadership: A Journey into the Nature of Legitimate Power and Greatness* [Liderazgo servidor: Un Viaje hacia la naturaleza del poder legítimo y la grandeza], (New York: Paulist Press, 1977). Véase especialmente pp. 7-48 y su capítulo *"Servant Leadership in Churches,"* pp. 218-248.

[104] Tom Peters and Nancy Austin, *A Passion for Excellence: The Leadership Difference* [Pasión por la excelencia: la diferencia del liderazgo] (New York: Random House, 1985), p. xix.

[105] Joseph Blenkinsopp, *Celibacy, Ministry, Church* [Celibato, ministerio, iglesia] (London: Burns and Oates, 1968), p. 185.

[106] A. B. Hyde, *The Story of Methodism Throughout the World* [La historia del metodismo en todo el mundo] (Philadelphia: P. W. Ziegler and Company, 1888), p. 416.

[107] *The Book of Worship for Church and Home* [El Libro de Culto para la Iglesia y el Hogar, (Nashville: The United Methodist Publishing House, 1964), p. 52. El ritual de ordenación alterno aprobado en 1980 lo expresa así: "Fielmente ejerce la autoridad

que Dios y la Iglesia le han dado para proclamar la Buena Nueva en Palabra y Sacramento".

[108] Véase Frank Baker, *From Wesley to Asbury* [Desde Wesley hasta Asbury] (Durham: Duke University Press, 1976), pp. 162-182.

[109] Un libro clásico en el campo es Nolan B. Harmon, *Ministerial Ethics and Etiquette* [Ética y etiqueta ministerial] (Nashville: Abingdon, 1987). Otro libro útil es Karen Lebacqz, *Professional Ethics: Power and Paradox [Ética profesional: poder y pardoja]* (Nashville: Abingdon, 1985).

[110] *The Book of Discipline* [El libro de la Disciplina] (Nashville: The United Methodist Publishing House, 1984), p. 192.

[111] *Ibid.*

[112] Para una articulación muy útil de estos temas, véase Stanley Hauerwas, *"Clerical Character: Reflecting on Ministerial Morality"* [Carácter clerical: reflexionando sobre la moralidad ministerial], Word and World, vol. VI, N° 2., págs. 181-193.

[113] Franz Hildebrandt, *"The Meaning of Ordination in Methodism"* [El significado de la ordenación en el metodismo], in Gerald O. McCulloh, ed., *The Ministry in the Methodist Heritage* [El ministerio en la herencia metodista](Nashville: Board of Education of The Methodist Church, 1960), p. 74.

[114] *Institutes of the Christian Religion* [Institutos de la religión cristiana], ed. John T. McNeill (Philadelphia: The Westminster Press, 1960), 1V.3.16, p. 1067.